未有知而不行者，知而不行，只是未知。

——王阳明

人人自有定盘针，万化根源总在心。
却笑从前颠倒见，枝枝叶叶外头寻。

王阳明传

此心光明

夏长斯◎编著

石油工業出版社

图书在版编目（CIP）数据

王阳明传：此心光明 / 夏长斯编著. -- 北京：石油工业出版社，2020.6

ISBN 978-7-5183-3906-8

Ⅰ. ①王… Ⅱ. ①夏… Ⅲ. ①王守仁（1472-1528）-传记 Ⅳ. ①B248.2

中国版本图书馆 CIP 数据核字（2020）第 036864 号

王阳明传：此心光明

夏长斯 编著

出版策划：王　昕　曹敏睿
责任编辑：马金华　贾　鸣
责任校对：郭京平
出版发行：石油工业出版社
（北京安定门外安华里 2 区 1 号楼　100011）
网　址：www.petropub.com
编辑部：（010）64523616　64252031
图书营销中心：（010）64523731　64523633
经　销：全国新华书店
印　刷：艺堂印刷（天津）有限公司
2020 年 6 月第 1 版　2021 年 5 月第 2 次印刷
880 × 1280 毫米　开本：1/32　印张：9
字数：190 千字
定价：49.00 元

前言

有人说中国历史上有两个半圣人，一个是孔子，半个是曾国藩，还有一位便是王阳明。王阳明一生践行良知，并屡立战功，他的心学思想让明朝社会风气为之一新，且流传后世，成就了立德、立功、立言“真三不朽”的功绩，是华夏文明史上寥若晨星的贤能之士。

许多人都知道王阳明是一代大儒、心学的集大成者，但少有人知的是，他带兵打仗，所向披靡，未尝败绩。《明史》称赞，整个明朝的文臣中，克敌制胜，他数第一。王阳明最闪耀的战绩是平定宁王叛乱。当时，宁王兴兵号称十万，谋权叛乱。王阳明于仓促中调兵御敌，并用计策扰乱宁王军心。随后，两军几次交锋，宁王的舰队皆被击败。气急败坏的宁王下令铁锁连舟，妄图让他的庞大舰队以排山倒海之势冲垮明军。结果，王阳明一把大火，在鄱阳湖上再现了赤壁之战的光景，“谈笑间，樯橹灰飞烟灭”，宁王的帝王美梦也被烧得粉碎。

有弟子向王阳明请教用兵的技巧，王阳明回答了三个字，“不动心”。他说：“努力做学问，养得此心不动，就是用兵的技巧。大家的智慧都差不多，胜败只在此心的动与不动。”《孙子兵法》中说：“不动如山。”临危不乱，泰山崩于前而色不变，如此，妙计才会泉涌而出，交战方能克敌制胜。难怪明治维新后，率领日本海军大败俄国舰队的东乡平八郎，将王阳明视为人生楷模。在日俄战争庆功宴上，面对众人的夸赞，东乡平八郎默不作声，只是拿出了自己的腰牌示与众人，上面赫然写着：一生俯首拜阳明。

但比起战功，成为圣贤才是王阳明真正的人生追求。他小小年纪就立下了读书做圣贤的大志向。王阳明先是钻研儒家经典。《大学》讲，要成圣，第一步先“格物”。不知“格物”为何物的王阳明读到朱熹的话，“一草一木都蕴含着高深的道理，要从一株草、一棵树开始格，一直格出来天下万物的道理”，就跑到竹子面前，要格出竹子的道理来。他从早到晚对着竹子，第一天没悟出来，第二天接着悟，就这样格竹格了七天，结果病倒在床。他感叹儒家圣人也太难做了，不是一般人能做得来的，便开始更多地关注道家。

王阳明四处寻访高人，入山修道，甚至在大婚当天与偶遇的道士彻夜长谈，忘记了自己的洞房花烛夜……后来，王阳明因反对宦官刘瑾专权，被贬谪到荒凉的贵州龙场。缺少食物，他只能自己耕种；没有住所，只得艰难地栖身山洞之中。后来，他在睡梦中领悟儒家大道，由此创立心学，后系统阐明心即理、致良知、知行合一，终成一代宗师。

新儒家代表人物、哈佛教授杜维明预言：“21世纪将是王阳明的世纪。”因为在这个人心迷茫、社会浮躁的时代，人们渴望既能获得外在的成功，又可以保持内心的幸福快乐。而王阳明做到了，他的传奇人生和心学思想中隐藏着世人苦苦追寻的答案。

目录

第五章 荡寇南赣

第六章 平定逆藩

第七章 晚年弘道

第八章 征抚思田

终　章

附录

文选

《传习录》选

序章

家传贤德隐逸风

“潘岳之文采，始述家风；陆机之辞赋，先陈世德。”南北朝时期，文学大家庾信在动笔写《哀江南赋》之前，想到潘岳写《家风诗》、陆机作《祖德赋》，就效仿两位文豪以记叙自己的家史、家风开头，写下了这篇哀伤百姓遭受劫乱的血泪辞赋。正是因为庾信介绍了庾家正直、仁义、心怀天下的家风，才让读者更了解他的为人，懂得他的忧国忧民是良好家风的传承，而要深入认识王阳明，也要从王家的家史、家风开始。

王阳明是余姚秘图山王氏家族的成员，据王阳明及其父亲王华所言，他们的家族可追溯至晋朝时期的绍兴王氏。绍兴王氏的第一名人是被誉为“书圣”的大书法家王羲之。王羲之崇尚道家思想，官至会稽内史、领右将军，后称病弃官，与高僧支道林等友人游山水、赋诗文、作书画。王氏家族的隐逸与贤德之风一直传承了下来。

王阳明的祖父王伦就是一位淡泊名利的隐士，乡里人将他和陶渊明、林逋这些著名隐士并列。王伦因学识广博，被争相聘为子弟师，弟子众多。他独爱竹子，将自己的庭院内外植满了绿竹，并常常在竹林中吟咏歌赋，被乡里人称为“竹轩公”。

王伦非常重视家庭亲情，照顾自己的弟弟王粲无微不至。王伦的儿子、王阳明的父亲王华官居翰林院学士，他将自己的俸禄孝敬给王伦，王伦会分一半给自己的弟弟。当时乡里人有兄弟反目、互相伤害的，听说了王伦的行为，感到非常惭愧，改正了自己的过失。

王阳明的父亲王华，字德辉，号实庵，晚年号海日翁，因曾在余姚龙泉山读书，又被称为“龙山先生”。

王华的品行从小就被乡里称颂。六岁的时候，王华与一群儿童在水边嬉戏，见到一个过客来洗脚。当时那个过客已经酩酊大醉，离开时遗落了行囊。王华打开行囊一看，嚯，原来有数十锭金子！他料想过客酒醒后必定会回来找，又害怕金子被人抢去，所以灵机一动，将行囊扔到水中，坐在旁边。没多久，过客果然焦急地顺路找寻回来。王华迎面叫道：“你是在找金子吧？”向过客指出行囊所在位置。过客找回金子大喜，取出一锭赠给王华。王华说：“这数十锭我都不要，怎么会在乎这一锭。”王华坚持不接受。

王华也是极其聪明的，文章过目成诵，读书用心专一。王华十一岁时，跟着家乡的老师钱希宠学习。最开始，学习作对子；一个月后，学习作诗；两个月后，便开始学习作文章了；再过了几个月，王华的学问水平就超过了其他学生。一年之后，钱老师惊讶地感叹道：“我也没有什么还可以教给他了！”

有一天，县令来到王华所在的私塾，同学们都跑去看，王华则在桌前朗诵诗文如常。钱老师提醒道：“只有你不去看的话，如果县令认为你这是傲慢，责备你，你该怎么办啊？”王华说：“县令也是人，我看他干什么？如果我朗诵文章不辍，那他又有什么理由来苛责我呢？”钱老师将这件事告诉了王伦：“您家公子才德如此，今后绝非平凡之辈！”后来，王华果成大器，高中状元，从翰林院学士一直做到了南京吏部尚书。

除祖父和父亲之外，王阳明的曾祖至六世祖的事迹也都有可靠且较为丰富的记载。通观他们的事迹，其行为几乎都是对儒家仁、义、礼、智、信的躬身实践，也兼具道家隐逸之风的传承。家族的高洁操守深深地影响了王阳明一生。

良好的家学也为王阳明遍读群书、深究学问、创立新说打下了基础。据记载，王氏家族即使再困厄，也都不遗余力地保存与注解先世留下的经典：四世祖王与准精究《礼》《易》，著《易微》数千言，曾祖王杰撰《易春秋说》《周礼考正》《槐里杂稿》等，祖父王伦著有《竹轩稿》《江湖杂稿》若干卷，父亲王华参与撰写《大明会典》《通鉴纂要》及自著《龙山稿》《垣南草堂稿》《礼经大义》《杂录》《进讲余抄》等。可见，王阳明能领悟圣贤之道，得益于深厚的家学渊源。

第一章 少年时代

说不出话的孩子

一片烟云在空中散发出五彩的光芒，变幻莫测。忽然，天空中响起了极为美妙的鼓乐之声，一位穿着绯红长袍、腰系白玉带的神人乘云而下，来到王伦夫人岑氏的面前，递出怀抱着的婴儿，说："给你做儿子。"

夫人忙辞谢道："我已经有儿子了，不过还盼望着有个孙子。我的儿媳妇侍奉我们老两口很孝顺，希望这个乖巧白净的婴儿能成为我的孙子。"神人笑着点头应允。

夫人低头道谢，再抬头时，发现自己躺在床上，原来是一场梦。

而后，在明朝成化八年（1472）九月三十日夜，一阵啼哭声打破了深夜的幽清寂静，哇哇大哭的是一个刚刚来到这个世上的小婴儿。他的奶奶岑太夫人梦见云中的神人把孩子托付给王家，因此他的爷爷给他起名叫"王云"。

这个婴儿就是后来名满天下的王阳明，王云是他第一个名字。当时他出生的那座阁楼，被乡人改称为"瑞云楼"。日后他在会稽山阳明洞修身养性，自号阳明子，被尊称为"阳明先生"。

据说，孔母梦见麒麟而怀上孔子，佛祖的母亲梦见白象而怀上释迦牟尼，达到贤人境界的王阳明，他的降临也有神人入梦交付婴儿的瑞兆。古人相信，这都是前世的善行积累，才换得的今生福报。后来，王阳明的弟子钱德洪将老师的出生故事记载在《瑞云楼记》中，后世不断诉说着这个故事。

然而，随着小阳明一天天地长大，家人非但没有发现他有福气，反而越来越担忧，因为小阳明说不出来话！听说看了不少郎中，都说孩子身体没问题，尝试治疗也治不好。一筹莫展的家人们最终也只能无奈地接受这个事实。

小阳明的父亲王华总是在很远的地方操心儿子的健康成长。他因为研究“三礼”（《周礼》《仪礼》《礼记》）有成，被聘为县邑中的子弟师，没过两年，又受到浙江布政使宁良的赏识，赴祁阳的梅庄书屋教授宁良的儿子宁竑三年。

尽管父亲不常在身边，但小阳明的童年是很幸福的，因为母亲郑氏把小阳明和一家人都照顾得很好。郑氏虽出身寒微，但落落大方，待人恭敬且特别勤劳。母亲的身教言传塑造了小阳明的谦恭和大方。

小阳明喜欢缠着祖父王伦。王伦不慕富贵，安贫乐道，醉心于读书，尤其喜欢《仪礼》《左传》《史记》。他又好雅致生活，月朗风清之时，常携友在翠竹幽篁中弹曲尽兴，所以小阳明从小就饱受诗书氛围的濡染。

有一天，王伦带着小阳明出来和小朋友们一起玩耍。一位僧人路过，摸了摸小阳明的头，叹气道：“好一个孩儿，可惜叫坏了。”

一旁的王伦不解，赶忙请教，僧人解释了一句：“云，道破了天机。”王伦听后顿时醒悟，根据《论语》“知及之，仁不能守之，虽得之，必失之”，将“云”改为“守仁”。不可思议的是，没过两天，小阳明就能开口说话了。

这段故事虽见于正史，但太过神奇。不过可以确定的是，“守仁”二字，寄予了王伦对孙子的厚望。

仁，是儒家思想的核心，“仁者爱人”。面对诸侯征战不休，百姓受苦，孔子出于一颗仁爱之心而教学、从政，年过半百却不顾车马劳顿，不畏绝粮之苦，迎着质疑与嘲笑，周游列国，匡扶天下。千年之后，文天祥宁死不降元朝，临刑前在衣带上书写遗言：“孔曰成仁，孟曰取义，唯其义尽，所以仁至。读圣贤书，所学何事，而今而后，庶几无愧。”杀身以成仁，何其令人肃然！

守仁，就是要守住仁心，守住气节。

小诗人

王阳明小时候，祖父经常在他旁边吟诵诗词文章，小阳明就默默记住了很多，慢慢积累起作诗的功力。

小阳明八岁时，王华在海盐担任子弟师，他将小阳明安排在资圣寺居住。山花烂漫，芳草青青，大自然的美景浸润着他的心灵。小阳明乘兴作出了一首《资圣寺杏花楼》，这是保存下来的王阳明诗作中最早的一首：

东风日日杏花开，春雪多情故换胎。
素质翻疑同苦李，淡妆新解学寒梅。
心成铁石还谁赋？冻合青枝亦任猜。
迷却晚来沽酒处，午桥真讶灞桥回。

在资圣寺时间日久，受到寺院氛围的熏陶，小阳明的诗作中开始出现诸如“缘”字这样的佛家词语。这是他八岁在资圣寺所作的另外一首诗——《寓资圣僧房》：

落日平堤海气黄，短亭衰柳舣孤航。
鱼虾入市乘潮晚，鼓角收城返棹忙。
人世道缘逢郡博，客途归梦惜僧房。
一年几度频留此，他日重来是故乡。

这首诗的后四句，道出了小阳明对寺院僧房的眷恋，似乎他特别喜欢寺院的超脱环境和雅静的生活方式。当然，年仅八岁的他很难懂得深奥的佛理，但是在资圣寺的这段生活在小阳明心中种下了一粒亲近佛门的种子，以至于他后来创立的学说，烙印着深深的佛理禅意。

成化十七年（1481），王华获殿试第一名，被授予翰林院修撰职位。一年后，王伦带着十一岁的孙子王阳明进京，与儿子团聚。

行舟至镇江，夜宿金山寺，寺中恰好有些旅途中的文人雅士，王伦同他们兴趣相投，把酒畅饮。酒酣之时，诗兴大发，众人决定以眼前金山为题，各自赋诗一首。

可谁知大人们还没有拟好开口，坐在祖父旁边的小阳明先吟咏了起来：

金山一点大如拳，打破维扬水底天。
醉倚妙高台上月，玉箫吹彻洞龙眠。

这些文士大惊，居然有如此聪慧的小孩，于是便要再试试他，命他以景点“蔽月山房”为题再作诗一首。小阳明应声而道：

◆《水阔潮平》·明·沈周

舟行至山水秀美处，文人们不免诗兴大发。

山近月远觉月小，便道此山大于月。

若人有眼大如天，还见山小月更阔。

两首诗虽然文辞浅白，但是一个小孩能立马作出来，也是极其不易的，而且细看两首诗，里面充满了稚嫩纯真的想象、较为宏大的气势和颇觉新鲜的理趣。可见，王阳明从小就爱作诗，且思维敏捷，颇有才气。

读书做圣贤

王阳明小时候不是一直都刻苦读书，也有贪玩、甚至逃学的时候。最初来到北京城后，小阳明完全沉溺于各种新鲜事物之中。京城中有斗鸡斗蛐、杂技杂耍、下棋投壶、遛鸟赏花……小阳明的心如同一匹脱缰的小马，整日沉溺于大街小巷的热闹繁华。

有一次，小阳明下了一整天的象棋。家人看见孩子如此贪玩，怕耽误了学业，便劝他用心读书。小阳明却不听，家人很生气，把棋子一股脑儿扔进水中。好笑又好气的是，棋子刚入水，小阳明就咏出一首诗，以诗文为棋子“送葬”：

象棋终日乐悠悠，苦被严亲一旦丢。
兵卒堕河皆不救，将军溺水一齐休。
马行千里随波去，象入三川逐浪游。
砲响一声天地震，忽然惊起卧龙愁。

气冲冲的家人把小阳明送进私塾，叮嘱老师严加管教。但是，小阳明的心毕竟还流连于游戏之中，无心学习，他只要看见老师出门，就鼓动几个同学一起爬树翻墙，逃出去游逛。

消息传到了王华的耳朵里，当爹的肺都要被气炸了，立马把小阳明锁进屋子里，命令他默写经典，写不完不准出去！但是小阳明才思敏捷，要不了一会儿就默写完毕，然后打开窗户跳出去玩耍了。

可是，再聪明的孩子如果不用功读书，也不会学有所成；没有远大志向，也不会功成名就。如果小阳明一直这样不用功，必然不会成为一代大儒。事情的转折点发生在一次偶遇中。

一日，小阳明在街头与鸟贩子起了争执，一位相士碰巧路过。他一见小阳明的面相即生感触，于是买了一只鸟送给他，又仔细看了看他的面相，说道："须拂领，其时入圣境。须至上丹台，其时结圣胎。须至下丹田，其时圣果圆。"语意深邃，对应着道家的修为境界。大意是说他三十岁的时候，会步入心中的灵台圣境；四十岁的时候，炼气达到一定程度，元神将凝结成婴儿状，结成"圣胎"；五十岁的时候，既超越了自我又完成了济世度人，圆满了"圣果"。相士还劝小阳明学会控制内心并守护他的非凡天资，以便使他的远大前程应验。

相士的话深深地打动了小阳明的心，他决定要踏上成圣成贤的旅

◆《山庄读书图》（局部）· 明 · 唐寅

程，游戏玩耍对自己没什么帮助，就不再贪玩了。

当时，大儒陈献章在京城与几位儒士在大兴隆寺讲学，十二岁的小阳明常常跑去听他们讲课讨论，这给他的思想带来很深的启发，让他对儒家的圣贤之道有所了解。

有一次，小阳明在思考生命中究竟什么事情是最重要的，困惑不解的他向私塾老师求教："什么才是第一等事？"

老师说："当然是读书，考取进士。"

听到这个答案，小阳明并不认同，反而更加认定自己心中的志向，说道："考取进士恐怕算不得第一等事。第一等事应该是读书做圣贤。"

王华听说这事之后，对小阳明打趣道："你的志向是想做圣贤啊？"毕竟绝大多数人都认为，自己就是凡人一个，圣贤的高度太高，而且成圣要经历太多的磨砺和考验。

但是小阳明并不太在意父亲乃至周围其他人的消极看法，认准的事，方向正确，就去坚持。

小阳明十三岁的时候，母亲郑氏去世。小阳明哭得非常伤心，为母亲守丧三年。

男儿何不带吴钩

成化二十二年（1486），十五岁的王阳明出游居庸三关，即明长城中的居庸关、将军右关、马兰峪关。望着雄壮连绵的北方群山，抚摸着厚重坚实的砖石城墙，小阳明的胸中涌起一股经略四方、征战沙场的冲动与豪情。

明朝自建立伊始，边关并不稳定，经常与北方的蒙古部族发生冲突。建文元年（1399），忽必烈家族残余的元朝政权在与明朝以及其他蒙古部族的战乱中灭亡，蒙古各部又回到部族纷争的状态中。有些部族时不时会骚扰明朝边境的百姓，劫掠财物。

正统十四年（1449），蒙古族瓦剌部进犯边境，明英宗在大太监王振的怂恿下，率五十万大军亲征。两军在土木堡激战，明朝军队死伤过半，从征的百余名文臣武将几乎全部战死沙场，英宗被俘。

瓦剌首领大喜过望，带兵南下包围了北京。在北京一战中被于谦指挥的明军打败，瓦剌首领恢复元朝的梦想落空，只得退至塞外，并将英宗放回。从此以后，明朝调整防御政策，大规模修建长城。

站在长城之上，小阳明不禁想同大英雄于谦一样，保家卫国，驰骋疆场。

怀揣着“男儿何不带吴钩”的豪情，小阳明深入到边关了解居住于此的几个部族，并了解朝廷的边防守备实况。他甚至和边关将士一道，骑马射箭，追逐来犯的散敌，令这些敌人暂时不敢有所进犯。小阳明就这样在边关待了一个月才回到京城。

身在北京，心在北境，日有所思，夜有所梦。小阳明胸中充满了驰骋疆场的冲动，有一晚甚至梦见了自己拜谒汉朝伏波将军马援的祠庙。马援生前战功赫赫，北定陇西叛乱、羌族袭扰，南平交趾（今越南北部）反叛、岭南暴乱。交趾之乱平定，马援立铜柱为疆界，上刻六字——“铜柱折，交趾灭”。想着这六个字，小阳明从梦中醒来，并作了一首诗以为纪念：

卷甲归来马伏波，早年兵法鬓毛皤。

云埋铜柱雷轰折，六字题文尚不磨。

伏波庙远在广州横州（今广州横县），距北京千里之遥，可没想到，四十年后，这梦转化为了现实……

居庸关出游后不久，石英和王勇在京畿作乱。十五岁的小阳明觉得建功立业的机会到了，写下自荐书说自己愿意前往擒获这两个逆贼，平定叛乱。他想向宰辅自荐，但被王华拦住。王华斥责他不知天高地厚，阻止了他的狂妄举动。

格竹七日

战场没有去成的小阳明，又回到书房继续读书做圣贤。有一天，小阳明和一位姓钱的朋友坐在书房里讨论经典，两位渴求大道的书生热烈地讨论着。

他们在讨论的是成为圣贤的第一步——格物。儒家经典《大学》提出了做圣贤的八条目，也是八步骤：格物，致知，诚意，正心，修身，齐家，治国，平天下。很明显，第一步是基础，一定要做好。那么，该怎么格物呢？

令人头疼的是，《大学》一文的著者、孔子的学生曾子，偏偏没有说清楚怎么去格物。朱熹根据程颐的观点，对格物做出解释，编入《四书章句集注》之中。该书在元、明时期被定为科举考试的教科书，朱熹对格物的解读是当时最权威的解读，也被读书人所广泛接受。小阳明和朋友就在讨论朱熹对格物的解释到底是什么意思。

忽然，小阳明注意到朱熹的一句话，“众物必有表里精粗，一草一木，皆涵至理”。他一下子明白，万物都蕴藏着至高的道理，“格”一草一木，就能得到草木的道理，“格天下之物”才能成为圣贤。他把想法一说，朋友也非常认同，但是，小阳明困惑地说：“哪

◆《清风高节》·明·夏昶

有那么大力量‘格’尽天下之物呢？”

这时候，看见后院亭子前那葱茏的竹子，斑驳摇曳，小阳明手指窗外，说道：“你能‘格’出竹子的道理吗？”

“看我的。”朋友就跑到竹子前面，费尽心思，从白天到黑夜去琢磨竹子的理。“格”到第三天的时候，就劳神成疾，坚持不下去了。

小阳明戏谑道：“哎呀，你这是精力不足啊，看我去把竹子的道理‘格’出来。”于是，他也跑到后院盯着竹子“格”了起来。

太阳与月亮交替着和小阳明的影子捉迷藏。白天，一滴滴汗珠从他额头渗出；夜晚，一股股寒气直往骨头缝里钻。可一连“格”了几天也“格”不出个所以然，反而脑袋越来越混沌——他伤了神。

结果到了第七天，小阳明头晕目眩，不得已放弃了格竹，还病了一场。病痛中的两位竹友于是互相感叹：圣贤是做不了的，没有那么大的力量去格物啊。

圣贤到底是怎么做到“格天下之物”的呢？这个困惑一直萦绕在小阳明的心头。有志者事竟成。十几年后，他终于悟到了答案。

第二章　多面青春

◎消失的新郎

◎圣人必可学而至

◎有起有落的科举路

◎策马北境，上疏边务

◎与诗友唱和

◎筑室阳明洞

消失的新郎

弘治元年（1488），十七岁的王阳明成婚了。岳父诸养和与父亲王华曾经一同在北京做官，有金兰之交。当时诸养和在王华家里见到小阳明，非常喜欢，就与王华约为儿女亲家。后来，诸养和官升江西布政司参议，从南昌寄来书信，召王阳明前去完婚，于是新郎官从北京赶到了南昌。然而，在拜见过岳父之后，婚礼当天，新郎官却不见了，岳父一家人找了整整一夜！那么，王阳明去哪了呢？

据说那天，王阳明自己一个人偶然间路过一个道观，抬头一看，只见门楣上写着“铁柱宫”三个字。看到道观，王阳明想到了四年前母亲去世，自己守孝三年，直到去年期满。母亲去世以来，他经常思考，如果母亲能注重养生，修身养性，就不会走得这么早了。想到这里，他走了进去。

一进门，眼前是一口水井，走近去看，井里面的水呈黑色，深不可测。深色的水面上，一根铁柱破水而出，泛着淡淡的光芒。井旁石板上的文字告诉王阳明，这是道教的一位祖师许逊镇压蛟龙的铁柱，“铁柱宫”因而得名。

走过水井，步入大殿，正中央供奉着祖师许逊像。穿过大殿，后面有几间屋子。其中一间屋子，屋门半开，里面可以见到一位老道士盘腿坐在榻上。王阳明见到那位道士颇有仙风道骨，就上前与他对坐。过了一阵子，王阳明忍不住，即给道士问好，结果两人就这样一直聊了整整一夜。聊的是什么呢？都是心斋坐忘、道家养生之说。两人聊到最后，老道士从怀里拿出一卷书，赠予王阳明，说："二十年后再见面吧。"

走出铁柱宫，还是清晨，但王阳明却听到街上有人叫喊，仔细一听，竟是叫自己的名字。这时他才猛地想起来，昨晚是自己的新婚之夜！赶紧迎着找寻自己的亲友、家丁跑去，并向岳父、夫人和诸位长辈谢罪。

诸养和毕竟喜欢这个女婿，原谅了他的错误，而且后来始终对王阳明关爱有加。新婚夫人则非常生气，王阳明也十分自责，或许因为这个原因，即便诸氏无子嗣，王阳明也一生对夫人恭谨备至，以至于被明末文人沈德符评为明朝名臣中的"惧内"典范。

婚后，王阳明迷上了书法。他练习书法用的纸，每天都装满数箧，由此书法大进。

他后来给自己的学生讲练习书法的心得体会："我最早开始学习书法的时候，终日临摹古代碑帖，只学得字形的相似。到后来，我写字并不轻易落笔，要等到精神集中、思虑清净之后，字形先凝练于心，然后再下笔。久而久之，我就学会了书法的法门。后来读到大儒程颢的教导，'我写字不是为了写好字，而是训练自己的恭敬之心'，我才知道古人随时随事只在心上学。此心精明，字也就写好了。"

圣人必可学而至

婚后第二年的十一月，祖父王伦病重。得知消息的王阳明旋即带着妻子回老家余姚。十二月下旬到达老家后，他亲自照料祖父的生活起居。月底，王伦去世。王阳明大哭不已，想起自己小时候总爱缠着祖父，听祖父吟诗，跟着祖父出去玩，如今天人永隔，一股股哀痛就从胸中涌起。

当讣告到达王阳明父亲王华的居所之时，王华号啕痛哭不绝。当日就交接了工作奔往老家，到家后将王伦葬在了穴湖山，自己在墓旁筑起一间茅屋守丧。

王华孝心至诚，如同《二十四孝》中的孝子们感天动地，王华也留下了一个传奇故事：

王伦墓前有一个老虎居住的洞穴，山林中的老虎常常一群一群地在此聚集。王华日夜在坟墓旁痛哭，完全没有把近在咫尺的老虎放在心上。令人惊讶的是，老虎非但没有吃了王华，日子久了，这些老虎反而经常在茅屋旁卧伏，人和老虎两不相侵。有人说是纯孝至诚之心打动了猛虎。

阳明父子都有着至诚的孝心。《孝经》云：“立身行道，扬名于后世，以显父母，孝之终也。”王阳明为了报答祖父的恩情，意识到自己不能一味陷入悲痛之中，而要立身行道，更加有为，才能不辜负祖父的期望。祖父去世之后，王阳明更加用心学习了。

促使王阳明愈发用功的原因还有一个，那就是恩师娄谅的点拨。在王阳明赶回老家、路过广信的时候，他登门拜见了儒学大师娄谅。两个人讨论起了儒学大义，尤其是宋儒关于格物之学的辨析。看来，王阳明自格竹失败后，一直都在苦思冥想，试图找到格物的正确方法，但可惜的是，没有史料记录下他获得了什么样的启迪。

但可以确定的是，师徒二人志同道合。娄谅少年时也有志于圣学，四处访师问道，但遇到的都是讲科举应试的老师。娄谅很生气，说：“你们这都是举子学，不是身心学。”娄谅真正想学的是陶冶身心、成圣成贤的学问。后来他遇到了老师吴与弼，一见如故，认真修学，成长为一代大儒。不贪图功名、立志成圣的王阳明有着和他一样的心。

对话到最后，娄谅把自己的期许凝练成一句话送给王阳明：“圣人必可学而至。”这简单的一句话，直击王阳明心怀。

孟子说：“人皆可以为尧舜。”人性虽然复杂，善

恶交织，但是每个人的心中都有善的一面，都有成为圣贤的潜质。只要不断培育自己的善心，运用正确的方法，坚持不懈去修圣人之心，圣人必可学而至！

可惜，娄谅两年后就过世了，享年七十。师徒二人没能有更多的见面交流。

料理完祖父的丧事，父亲王华开始守丧，同时他还安排王阳明与家族里的本家子弟王冕、王阶、王宫等人一起学习经典。

立志成圣的王阳明发愤用功，白天跟随大家一起读书，讨论争辩。晚上，别人去休息了，他仍挑灯夜读，四处搜集“经史子集”各类典籍阅读，常常到午夜才歇下。

其他兄弟看见王阳明学问、文章日进，都羞愧难当，以为他们是天赋比不过王阳明，但当他们看见王阳明书房三更半夜的烛光与身影后，都感叹道：“他已经不是为了应付科举考试而读书了，我们怎么可能比得上他。”

王阳明素来爱开玩笑，但突然有一天他端坐反省起自己的这种“轻浮”言行，说自己不会再乱开玩笑了。其他人都不相信他会改变，王阳明说：“我以前太浪荡，现在知道错了。”看见他的眼神坚定严肃，大家知道王阳明真的改变了，他们几个人也渐渐收敛。

有起有落的科举路

弘治五年（1492）八月，二十一岁的王阳明奔赴杭州参加乡试。

江南的夏季，暴雨总是不期而至。不凑巧的是，刚好乡试这一天，大雨倾盆，积水非常深，贡院考试的房舍地势低洼，结果被淹，许多毛笔、宣纸在水面漂浮。十年寒窗苦读就为今朝，可偏偏被大雨影响，无法交出良好的答卷，必定名落孙山。一群考生为了自己的前途直奔公堂，争取一个能一展才华的考试机会，但当时在场的按察使却命人驱逐他们。考生们捡起地上的瓦砾、石子就掷向按察使，按察使抬腿跑进内堂躲藏起来。无人维护秩序的公堂嘈杂哄闹，混乱不堪。

监考官看见这个景象，担心事态严重，想要将乡试日期改到第二天。浙江左布政使刘大夏说：“这不符合规定，而且今天这场暴雨是突然下起来的，晚会儿一定就停了。”他派一位武官在公堂上宣布：“大家稍安勿躁，雨停后开考。觉得自己考不上的就请离开，不要添乱。想继续考试的考生们就在此等待开考。”

临近傍晚时候，大雨停歇。收拾好考场，点起灯烛，等待了一天的几百名考生开始奋笔疾书、作答试题。

据记载，半夜，贡院中出现两个巨人光影，他们穿着红绿相配的衣服，东西而立。巨人指了指其中三位考生，说："这三个人能干事"，后忽然消失。这三人一个叫胡世宁，一个叫孙燧，还有一个就是王阳明。后来，他们在阻止宁王叛乱时扮演了重要角色。

王阳明在乡试中写下的文字，似乎也为未来那场正气凛然的平乱之役定下了人生信念的基调：

夫志士仁人皆心有定主，而不惑于私者也。以是人而当死生之际，吾惟见其求无愧于心耳，而于吾生何恤乎？此夫子为天下之无志而不仁者慨也，故此以示之，若曰：天下之事变无常，而死生之所系甚大，固有临难苟免而求生以害仁者焉，亦有见危授命而杀生以成仁者焉。此正是非之所由决，而恒情之所易惑者也。

后来，他们三个人都做到了"心有定主，而不惑于私者"。

乡试后的第二年（1493）春天，二十二岁的王阳明在京城的会试中落第，这是王阳明第一次求取进士失败，他心情有些失落。周围人听说王阳明落第，都来宽慰他，其中就有朝廷大臣李东阳。李东阳半勉慰半戏谑地对王阳明说："你今年没考中，等下一次会试科举，你肯定会是状元。何不现在就作一篇《来科状元赋》？"

王阳明也不推脱，一篇赋文，援笔立就。

在场所有人都很吃惊，口中不住地赞叹："天才！天才！"

会试三年一考，弘治九年（1496），二十五岁的王阳明再一次参加会试，却又以失败告终。据传，王阳明作《来科状元赋》一事传到了一些官员的耳朵中，他们忌惮说：“这小子如果考中了状元，那目中怎么还会有我辈？”因此，等到本次会试，有考官故意压低王阳明分数，让他名落孙山。

落第的考生对没有考中进士感到耻辱，王阳明却想得更深远，他说道：“人们以落第为耻，我以落第后动心为耻。”王阳明将内心受到外界功利琐事的干扰而动心视为耻辱，不禁让人联想到“不以物喜，不以己悲”的豁达境界。众人听到王阳明的观点，都深为佩服。

虽说如此宽慰他人，但王阳明心中毕竟还是有很大的失落，一旦遇到合适的时机，这股郁闷的洪流便会倾闸而出。

回乡途中，经过山东济宁，王阳明登上了太白楼。正值深秋，他看见河流浩浩荡荡，木叶萧萧乱下，夕阳的余晖残留于岳峰，他的心被景色触动了，写下了《太白楼赋》，节选如下：

信流俗之嫉妬兮，自前世而固然。

怀夫子之故都兮，沛余涕之湲湲。

庙堂之偃蹇兮，或非情之所好。

惟不合于斯世兮，恣沉酣而远眺。

进吾不遇于武丁兮，退吾将颜士之箪瓢。

从这些文辞，可以看出此时王阳明的内心是多么失落。特别是末句说道，当年傅悦在版筑之间被武丁赏识，后拜为宰相，可是自己却

◆《仿宋元山水册》·明·蓝瑛

深秋，木叶萧萧乱下，秃树枝丫。

怀才不遇。既然如此，就效仿颜回，一箪食，一瓢饮，去过安贫乐道的生活吧。

又过了三年，即弘治十二年（1499），王阳明第三次参加会试，考中进士，会试排名第二，殿试二甲排名第七（也就是全国第十名。一甲只取三名，状元、榜眼和探花，二甲人数不定）。从这时起，王阳明正式走上了仕途之路。

策马北境，上疏边务

弘治十年（1497），边报甚急。北方的几个蒙古部落频繁深入内地，杀掠人畜。当朝却缺乏优秀的军事将领，因为武将人才以世袭为主，武举选拔为辅，曾经的名将世家几代后少有将才，而武举选拔出的大多是骑射搏击之士，缺少战略谋划、统筹军务之才。

看到国家需要将才，王阳明抓紧学习军事兵法，精心研究古今兵书战策。那时候，王阳明痴迷排兵布阵之法，即便是参加宴会，也会用果核来排列阵型，研究攻防之道。

两年后，王阳明考中进士。四月，边寇侵扰边境，劫掠百姓的牲畜、财物。五月，王阳明奉朝廷之命出使关外视察边境的戍边军屯情况。王阳明详细考察了北境，回来后写下了著名的《陈言边务疏》，提出了八条安定边境的策略：

一曰蓄材以备急，二曰舍短以用长，三曰简师以省费，四曰屯田以足食，五曰行法以振威，六曰敷恩以激怒，七曰捐小以全大，八曰严守以乘弊。

这八条军策，从军队的人才储备、选拔任命（用人“舍短以用长”，不拘小节）、军队规模等诸多方面进行了分析，充分反映出王阳明并非只会如何行军打仗，而且能统筹全局，展现出卓越的将帅之才。

同年，他也完成了《武经七书评》。他评价《吴子》内容实用，是吴子作战经验的直接总结，自己实施之后颇见成效，而《孙子》虽内涵深刻、思想系统，但实用性不强。

朝廷还派王阳明赴河间地区，监督建造王越的坟墓。王越是曾经镇守西北的名将，博涉书史，力猛善射，很有雄才大略，曾经多次击败蒙古骑兵，王阳明很钦佩他。在建造过程中，王阳明运用“什伍”的军事编制方法来指挥役夫，按规定时间休息、用饭，闲暇时带大家演练八阵图。

王越墓建成之后，王家想要赠送王阳明金银衣帛，他坚持不受。王家则又拿出王越生前所佩的宝剑赠送与他。王阳明见到这柄宝剑，非常惊讶，因为他曾梦见王越将这柄宝剑送给自己，惊讶于与梦相符，王阳明接受了这柄宝剑。

与诗友唱和

早在弘治六年（1493）王阳明第一次落第之后，他进入京城北雍太学，与一群年纪相若、志趣相投的学子共同学习。风雪之晨，花月之夕，在这些美好的时光中，王阳明总会和王寅之、刘景素、陈文楷等好友去山水佳处或雅趣的园林信步游玩，吟诗作赋。

在第二次落第回到余姚之后，王阳明在龙泉山寺缔结诗社，与家乡文士魏瀚、陆相等诗友相互唱和。魏瀚，是一位致仕高官，与王家情谊很深，曾为王阳明的祖父王伦撰写传记，与王阳明结成了忘年诗友。魏瀚平时自负于自己的才华，但对王阳明却相当佩服。有一次，两人登上龙山，边下棋边联诗句，王阳明总先他一步作出佳句。他只能感叹道："老夫当退数舍。"才华不及，只能主动避让。

此时王阳明的才情从这首《春晴散步》可见一斑：

清晨急雨过林霏，余点烟稍尚滴衣。
隔水霞明桃乱吐，沿溪风暖药初肥。
物情到底能容懒，世事从前且任非。
对眼春光唯自领，如谁歌咏月中归。

◆《春禽花木图》·明·边景昭

王阳明在会试及第之后，春风得意，与位列明代文坛“前七子”的李梦阳、何景明、边贡、徐祯卿四人，以及乔宇、汪俊、顾璘等人学习古代诗文作法，驰骋于诗文，争夺才名。其中，徐祯卿与唐伯虎等人并称“江南四大才子”，只不过被后世小说家改名为“周文宾”，因此名字不被今人熟知。

王阳明视察边关归来之时，由于路途艰险，跑马飞快，不慎坠马受伤。开创茶陵诗派的李东阳来看望他，王阳明写下一首《堕马行》，用“西涯先生真缪爱，感此慰问勤拳情”表达自己的惊喜和感恩之情。

弘治十三年（1500），王阳明升职并调至刑部，碰到了喜欢辞章的同僚潘府、郑岳等人，常常讨论辞章至深夜才罢休。擅长辞赋的很多都是翰林院的士人，杜甫、白居易、苏轼、欧阳修都是翰林中人，因此人们戏称那时的刑部为“西翰林”。

王阳明还喜好到各地游玩，游览了秦望山、云门山、金粟山、北固山、兰亭等地，留下了许多诗作。

在飘雪的冬日，王阳明写下了《雪窗闲卧》：

梦回双阙曙光浮，懒卧茅斋且自由。
巷僻料应无客到，景多唯拟作诗酬。
千岩积素供开卷，叠嶂回溪好放舟。
破虏玉关真细事，未将吾笔遂轻投。

在雪天享受着慵懒的时光，王阳明看着窗外的千岩积雪，在那一刻，竟然觉得上阵杀敌真是些琐事啊，怎么能轻易地投笔从戎呢？

随着理解越来越深刻，王阳明意识到诗文辞章并不能通达更高的真理，于是他开始访求师长，但又没有碰见像娄谅这样的老师，结果内心迷惑不安，只是自己大量阅读经典文章。一天读到朱熹上呈宋光宗的奏疏，里面提出一个观点："居敬持志，为读书之本；循序致精，为读书之法。"朱熹曾说："读书须收敛此心，这便是敬。"他还说过："立志不定，如何读书？"王阳明领悟到，读圣贤书就是要专心致志，立定做圣贤的志向，同时循序渐进阅读，认真思考经典所谈论的问题，这样才能理解经典的深刻含义，才能为实践圣贤哲理打好基础。自己之前只是广泛阅读，却没有那么专注，不讲读书的顺序，所以根本就没懂得经典中的深意，没有多少收获。

王阳明专注而循序渐进地读书，收获果然不同以往。只是一个哲学问题始终萦绕在他的心头——"物理吾心终若判而为二"。王阳明隐约觉得，外在事物所蕴含的"理"与自己的"心"之间是存在微妙联系的，但是目前读到的儒家理学著作中，还没有能解答自己疑惑、让自己信服的答案。王阳明苦苦思索，结果旧病发作，偶然碰到道士谈论养生，就有了遗世入山的想法，但是中举为官后，这个想法就暂时搁置了。

筑室阳明洞

弘治十四年（1501）八月，王阳明奉命前往南京、淮安等地，与这些地方的巡抚、御史一起审判重囚犯。

王阳明以刑部主事身份一路南下，来到南京审狱。当时有一个姓陈的重犯，以前一共杀了十八个人，进了监狱，因为屡次贿赂当地官员，十多年来一直都没有被处决。王阳明到了后，第一条命令就是下令处决这名杀人重犯。贪赃枉法的当地巡抚和御史为犯人求情，被王阳明果断拒绝。

这名重犯临刑前恐吓王阳明："我死而有知，一定不会放过你的！"

王阳明笑着回答："我如果不杀你，那十八人的冤魂才不会放过我呢。再说，你都已经死了，有那个不放过我的能耐吗？"刽子手手起刀落，将他斩于刑场。在场的人无不拍手称快。

待审的案件很多，需要王阳明投入大量精力，但他的身体状况却让他愈发力不从心。早在来南京决狱的前一年，他忽然患了病，咳嗽不止，身体虚弱，服药、针灸了很长一段时间，但病情也只是暂时缓解。之后在池州府（今安徽池州及铜陵一带）审判完囚犯后，王阳明为休憩一下疲惫的身心，来到了九华山。他时而在山间峡谷的溪流旁，手掬清波；时而登上直耸云霄的山峰，望江远眺；时而又驻足于千仞的峭壁，俯视深潭。此番情境，让他有所感慨，援笔而作《九华山赋》。写到接近结尾处，王阳明畅想：

已矣乎！吾其鞭风霆而骑日月，被九霞之翠袍。
抟鹏翼于北溟，钓三山之巨鳌。
道昆仑而息驾，听王母之云璈。
呼浮丘于子晋，招勾曲之三茅。
长遨游于碧落，共太虚而逍遥。

这些词句中，王阳明运用了大量道家意象，字里行间表现出强烈的出世愿望。

下了九华山之后，王阳明辗转借宿于山下的无相寺、化城寺等寺院。王阳明在学禅的同时，也在寻访有名的道士、异人，向他们求教。

当时道士蔡蓬头擅长讲授修仙之术，王阳明恭敬地讨教，可是蔡蓬头却回答："尚未到时候。"王阳明不解，眼睛扫了扫左右的侍从，就让侍从留在这里，引领蔡蓬头到后亭，又行礼请教。然而，蔡蓬头依旧回答："尚未到时候。"王阳明再三求教，蔡蓬头才说："你虽然以礼待我甚厚，但你终究不忘官相。"说罢，大笑而别。

王阳明又听说九华山的地藏洞中有一位异人，坐卧在松枝里，不生火做饭，只吃些生食。王阳明爬上山崖险坡，经历了一番险阻才进入洞中。在洞里，他看见异人正在睡觉，就安静地坐到旁边。过了一会儿，异人睡醒了，惊讶地说："山路这么险，你怎么过来的？"两个人就交谈起来。王阳明请教究竟的真理，异人不回答，只缓缓地说："周敦颐和程颢是儒家的两个好秀才。"第二天，王阳明又去拜访，异人已经不住在地藏洞中了。

王阳明完成审囚任务后，回京处理公务。虽然白天公务繁忙，但王阳明在深夜仍挑灯阅读诸家经典。他的父亲王华害怕王阳明过劳成疾，禁止家人给他的书房准备蜡烛。可王阳明总是等到父亲熟睡之后，偷取蜡烛夜读，经常读到半夜，很是劳累。再加上之前的咳疾复发，又受风寒侵袭，王阳明的身体越来越差，有时咳出来的竟然是鲜血！久病不愈，王阳明不得不呈递《乞养病疏》，请求辞官养病，得到了批准。

当时，王华因思念山阴（今为浙江绍兴的辖区）的美丽山水，又由于那里是先世故居，已经将家从余姚搬到了绍兴的光相坊。几个月后，王阳明回到了绍兴，在城东南二十里的阳明洞筑室。或许因洞名"阳明"，同时喜欢"阳明"二字含有"光明"之义，他自号阳明子，因此被尊称为"阳明先生"。自此，"王阳明"成为王守仁最广为人知的名字。

史料记载，阳明洞位于会稽诸山中，由于被当时的人认为是修仙的好居所，因此被称为"阳明洞天"。诸山中有一座山叫宛委山，山中挨着道观龙瑞宫的地方，有一块巨大的石头，石头中间有一处大的缝隙，后人认为这个地方最有可能是阳明洞所在。

会稽山环境幽静，枯藤古葛倚岩高挂，茂林修竹之下，时时能听闻山泉潺潺之声与猿啼鹤鸣，的确是修炼的胜地。王阳明在山中日夕勤加修炼，专研仙经秘旨，行引导之术，洞悉机要，对于道家的“见性”“抱一”之旨要，不仅通识其意思，更是习得其精髓。他自己形容这种境界是“内照形躯如水晶宫，忘己忘物，忘天忘地，与虚空同体，光耀神奇，恍惚变幻，似欲言而忘其所以言，乃真境象也”。

过了一段时间，王阳明认为自己现在这种隐居修炼，只是“簸弄精神”，并非正确的方法。在夜深人静、青灯剪孤影之时，他总是不免思念起家乡和亲人，牵挂中他写下诗句“独夜残灯梦未成，萧萧窗竹故园声”（《乡思》其一）。有一天，他突然醒悟说：“思念亲人这种念头，是从我孩提时候就固有的。这种念头没有了，就是在放弃人伦、断灭种性啊。”

过了不久，王阳明走出了阳明洞去往西湖。他在闲适休养的同时，也开始思考回仕途为官了。在西湖之畔，王阳明听说有位禅僧坐关三年，平日闭目止语，就前去观望。或许王阳明想模仿禅宗的棒喝。所谓棒喝，是指禅宗师父点醒弟子不单纯说教，有时冲他大喝，有时用棒子打头，让弟子顿悟。王阳明对着闭目坐禅的僧人极其不礼貌地大喝：“你整天嘴里叽叽喳喳说些什么！又整天眼睛怔怔地看些什么！”

僧人陡然惊起，睁开眼睛看着这位不速之客。

◆《归隐图》（局部）·明·文徵明

王阳明问僧人家里还有什么人。

僧人说："尚有老母在。"

王阳明接着问："那您想念她吗？"

僧人叹了口气，低头道："怎么可能不想念。"

于是，王阳明给他讲述了儒家孝养父母的道理。

僧人也想起来，释迦牟尼佛在成道后，回国为亲友讲说佛法，并在生父往生后亲自抬棺送葬。佛陀还特别在戒律中作了细致规定，比如父母生活困难或无法自理，出家人应供给衣食所需或亲自照料。想到这里，看到自己在这里枯坐参禅，却没有报答好父母恩情，内心十分愧疚，不禁淌下了泪水。

第二天，王阳明再次来到这座寺庙，却找不到这位僧人的身影。听别人说，他回家了。王阳明自此远离佛门，又回到了仕途。

第三章　贬谪龙场

◎一手遮天的大太监刘瑾

◎为正义受苦

◎遇刺

◎破败的龙场驿

◎龙场悟道

◎碰到个小官儿摆大架子

一手遮天的大太监刘瑾

王阳明又想要入仕之后，就去了山东主持乡试，没多久就转为兵部武选清吏司主事。王阳明在兵部任职期间，结识了湛若水，两人因致力于圣学而志趣相投，成为一生的挚友。

弘治十八年（1505），明孝宗去世，朱厚照即位，是为明武宗，次年改元为正德元年（1506）。

明武宗登基之后，宠幸宦官刘瑾等人。刘瑾，陕西兴平人，本姓淡（一说姓谈），自宫做了太监，在一位姓刘的太监手下当差，并改姓刘。成化年间，他在排练音乐舞蹈的教坊工作，弘治年间升任茂陵司香，后来进了太子居住的东宫干活儿，当时的太子就是朱厚照。刘瑾因为擅长组织乐舞俳优之戏，深受朱厚照的喜欢。

刘瑾非常羡慕明英宗时期的专权宦官王振，想像他一样能将朝廷玩弄于股掌之间。朱厚照刚即位时，刘瑾还只能在远离权力中心的钟鼓司任职，但是他结交了一群臭味相投的宦官，有意引导武宗沉迷于狗马鹰兔、歌舞摔跤等娱乐活动，使得皇帝离不开他们。这些宦官一共八个人——刘瑾、马永成、高凤、罗祥、魏彬、丘聚、谷大用、张永，被时人称为“八虎”。武宗极其信任、宠幸他们，使得朝堂一片乌烟瘴气。

当时有一个大太监叫萧敬，他向皇帝进言说：“先皇才宾天不久，宫里寻欢的钟鼓宴乐之声大到都能让宫外的人听见，这是不可以的啊！”

他日，当内阁官员将要进宫的时候，有小太监偷偷把一封书信塞给大学士刘健。这是一封匿名信，刘健立马打开，信上是责问，“八虎”整天诱惑皇上，让皇上沉溺于声色犬马，你们这些大臣为何不进谏？

刘健将这封信上交给武宗，原本是希望让武宗感悟不管是宫内宫外，都有许多正直的臣子，希望他铲除奸佞。但是，怎知，武宗见信大怒，问道：“这信是谁写的？！”刘健等人无以回答。

“八虎”说：“这一定是萧敬写的。”于是，武宗将萧敬驱逐出宫。

户部尚书韩文有感于奸人扰乱朝纲，每次退朝，都要对着下属哭泣。正德元年（1506）九月的一天，郎中李梦阳对韩文说：“您是国家大臣，只在这里痛哭，有什么用？”

韩文问道：“那有什么办法吗？”

李梦阳建议韩文写下弹劾谏书，秘密抄送给各位大臣，然后带领大家一起到武宗面前死谏，如此阵仗，想必皇上就会革除刘瑾等人的职务。

韩文捋了捋胡须，毅然道：“是啊！如果这事能成功，那老夫死不足惜！”

第二日退朝后，韩文一一密问重臣，众人都应允。接着，他又嘱咐李梦阳草拟谏书，自己亲自删改润色，说："这封谏文不宜太过有文采，否则皇上可能读不太懂，领会不了我们的意思；文章也不宜过长，过长怕皇上看不完。"

完成后，众多大臣集合起来，进宫将治罪刘瑾等人的谏书上呈武宗，并苦口婆心地劝谏。武宗被这阵仗和进言惊讶到了，哭了起来，也没了心思吃饭。刘瑾等人对武宗这种反应十分恐惧。

武宗派出八个大宦官到内阁，与诸大臣一起商议如何处置"八虎"。一天往返了三次，依然有很大分歧。这八个大宦官中，司礼监太监王岳，主管东厂，也是武宗还未登基前在东宫的旧臣，他素来刚直、疾恶如仇，也厌恶一些宦官的所作所为，只有他赞同大臣们将刘瑾等人交付法司处置的提议。

第二天，大臣进宫之时，太监李荣手持诏书，念道："有旨：你们的爱君忧国的心，朕是知道的，但是刘瑾这些人服侍我这么久，我不忍心将他们治重罪，还看诸位大臣能否宽容他们，罚轻一些，我也会深刻反省自己的。"

诸大臣听后，都不敢说话，只有韩文争论道："现在海内民穷盗起，天空亦有异变，这些奸佞整天只知道引诱皇上花天酒地，废弃朝政。我们这些臣子，怎么能够听之任之呢！"

李荣回答："你们的奏折已经说得很完备了。皇上并非不知道他们的所作所为，只是顾念旧情，不想重罚他们。皇上有自己的想法。"

吏部侍郎王鏊很聪明，他估计到李荣作为宦官，怕大臣会将他一并牵连，故而说道："今日之事，只指'八虎'。这八个人不去，国家昏乱的根本怎么去除啊？"

李荣摇头，带着威胁的语气说："王公您没有几个脑袋吧。"意思是，你这是在忤逆皇上的意思，难道想人头落地吗？

众臣又陈说利害。良久，李荣脸色才有所缓和，说："你们说得对，现在姑且退下吧。你们放心，我是不敢误国的。"

虽然还没有最终商定该如何处置他们，但刘瑾等宦官觉得自己现在处境非常不利，因此第二天，询问大臣们是否赞成将他们调离京城、安置到南京去。诸位大臣并不同意。

这一晚，注定是个不眠之夜，甚至可以说，武宗一朝的历史走向就在今夜被决定。三方势力都在紧锣密鼓地筹备着明日的出击。

宫外，以刘健、谢迁、李梦阳、韩文等为代表的一大群朝廷重臣正在挑灯商谈明天早朝该如何再次死谏，诛杀"八虎"。

宫内，王岳、范亨、徐智等一批为人正直的宦官，也与大臣们站在一条战线。他们再次密奏武宗"八虎"的罪行，哭诉道："这八个人如果不除掉，那朝廷今后可能会有大的变数啊。"武宗不得已，写下诏书，准备明日一早就发圣旨，逮捕刘瑾一伙，下狱治罪。

可没想到，事情却起了变化……

吏部尚书焦芳，平日与刘瑾关系很好，他当晚偷偷通风报信，将大臣会再次死谏的消息泄露给刘瑾。"八虎"中的丘聚出自李荣的门下，李荣将皇上准备收监他们的密诏泄露给了丘聚。

刘瑾得到了消息，立刻召集其他“老虎”商量对策。计议已定，第二天天还未亮，“八虎”跑到武宗住处，等武宗一出来，跪着将武宗围了一圈，以头抢地，哇哇大哭道：“要不是有皇上的恩情，我等早就被石头砸死喂了恶狗了……”

武宗从小与他们一起厮混，之前在他们的安排下，看歌舞戏剧非常开心，摔跤摔得特别痛快，眼下看见他们哀哭嚎叫，内心有所动容。刘瑾见机进言：“害我们的人，是王岳！”

武宗不解：“怎么说？”

刘瑾立马口若悬河地回答说：“王岳是主管东厂的，他与那些大臣勾结在一起，当时内阁商议要治我们重罪时，宦官中就只有他赞成。他是在勾结大臣想限制皇上您的出入，所以先要把我们除掉啊。再说，狗马鹰兔这些玩物，他也一样买来献给过皇上您啊，为何唯独要追究我等的罪。”

武宗一听，发怒道：“我要收拾王岳！”

刘瑾进而继续进谗言：“狗马鹰兔这些玩物，就怎么能耽误国事了呢？现在这些朝臣敢哗然逼宫、没有规矩，这都是因为司礼监没有皇上我们自己的人啊。如果司礼监有我们自己的人，那皇上您想做什么就做什么，哪个人还敢多说一句。”

这武宗就是一个享乐惯了的人，听刘瑾这么一说，自是心里高兴极了，立刻命刘瑾主管司礼监，兼任提督团营；丘聚主管东厂；谷大用主管西厂；张永等也分据重要部门。刘瑾当夜传旨，将王岳、范亨、徐智驱逐到南京。

而这晚宫内的翻天变化，宫外的朝臣却一无所知……

天微微亮，众大臣早早候在廷外，万万没想到，等到的却是这样一纸诏书——“八虎”掌握了司礼监。刘健等大臣叹气痛哭，知道已无力回天，只好上疏辞官。

刘瑾矫诏同意刘健、谢迁辞官。对于正在前往南京途中的正直宦官们，刘瑾也矫诏，赐王岳、范亨自尽，砍断了徐智的手臂。

一夜间，政坛局势突变。自此，刘瑾被任命为司礼监掌印太监，掌握了“批红”大权，替皇帝掌管内外奏章等文件，代传皇帝谕旨。东厂、西厂、锦衣卫全部被“八虎”掌控，同时，刘瑾还设置和掌控了“内行厂”，上至大臣，下至百姓，乃至东西二厂、锦衣卫都受内行厂的监察，用刑尤为酷烈。很多官吏纷纷依附一手遮天的刘公公，形成了庞大的“阉党”势力。

虽权倾一时，但与历代专权的宦官结局一样，刘瑾因贪恋权力、专横跋扈而自食恶果。正德五年（1510），太监张永揭露了他的罪状，武宗亲自抄家查出其谋反证据，刘瑾最终被凌迟处死，全族灭。

为正义受苦

当时刘瑾专权的行为，激起了各地官员的愤怒，他们纷纷上疏，请求诛杀刘瑾等人，而结果却是，这些官员要么被迫辞官，要么被放逐，要么被投入大狱。其中王阳明的好友、南京科道戴铣和南京兵科给事中牧相等人，就被押解入京。

正德元年（1506）十一月，三十五岁的王阳明上疏武宗为戴铣、牧相等人求情。他认为，作为朝廷臣子，直言进谏是责任，如果进言合适，自当嘉奖接纳；如果进言不合适，也当包容，以开忠言进谏之路。现在赫然下令拘禁进言之臣，这就会让臣民今后不敢建言献策。

王阳明这篇奏疏后来被命名为《乞宥言官去权奸以章圣德疏》，当时它落到了刘瑾手上，刘瑾大怒，矫诏杖王阳明四十大板。

受廷杖是对王阳明肉体和心灵的双重打击。王阳明挨的廷杖不只是块木杖，打人的一端还包有铁皮，铁皮上还有倒钩，受刑时要脱下裤子，一杖击下，便鲜血渗出，十杖击下，更是血肉模糊，七八十下，必定当场气绝。而且当着众人的面剥下裤子，简直是在践踏读书人的尊严。王阳明咬牙挨了四十廷杖，到最后已经昏死过去。后来，王阳明听说，自己的好友戴铣挨不过廷杖，伤重而亡，非常伤心。

受刑之后，王阳明被投入锦衣卫大牢。身体和心灵俱受重创，王阳明辗转反侧，夜不能寐，写下一首《不寐》诗：

天寒岁云暮，冰雪关河迥。
幽室魍魉生，不寐知夜永。
惊风起林木，骤若波浪汹。
我心良匪石，讵为戚欣动！
滔滔眼前事，逝者去相踵。
崖穷犹可陟，水深犹可泳。
焉知非日月，故为乱予衷？
深谷自逶迤，烟霞日悠永。
匡时在贤达，归哉盍耕垅！

王阳明感慨，多事之秋，仁人志士相继被陷害致死。他用尾句“匡时在贤达，归哉盍耕垅”表露心意：让贤达之士去匡扶时局吧，自己还是归隐乡间、种田度日吧。

王阳明想到周文王被囚禁时推演六十四卦，自己也开始推演《周易》，并和狱中的同僚交流起来。夜晚透过铁窗，看到月光皎洁，王阳明不禁思念起自己的故乡，思念起头发渐白的父亲、深爱自己的妻子、乃至早已过世的母亲、隐逸好竹的祖父。他还想到了自己在山中静修之时，那溪边

◆《柴门掩雪图》·明·唐寅

的仙鹤、洞中的猿猴，恨不得当下就乘船破浪回到家乡。可惜自己还身陷囹圄，只能写诗《岁暮》以排忧：

兀坐经旬成木石，忽惊岁暮还思乡。
高檐白日不到地，深夜黠鼠时登床。
峰头霁雪开草阁，瀑下古松闲石房。
溪鹤猿洞尔无恙，春江归棹吾相将。

正德元年（1506）十二月二十一日，王阳明终于离开了牢狱，但他并没有渡过难关，而是被贬谪到贵州的龙场。王阳明在离开大牢时，写下一首《赠刘秋佩》送给狱友：

骨鲠英风海外知，况于青史万年垂。
紫雾四塞麟惊去，红目垂光凤落仪。
天夺忠良谁可问，神为雷电鬼难知。
莫邪亘古无终秘，屈轶何时到玉墀。

刘秋佩刚正忠毅，曾大呼“刘瑾不诛，国势危矣”，激愤上疏弹劾刘瑾，受廷杖之后被投入监狱。在狱中，王阳明和他志趣相投，成为莫逆之交。王阳明被贬谪之后，刘秋佩又继续进谏，写下千言疏弹劾刘瑾，又挨了顿廷杖，被发配到居庸关。后来他被重新启用，担任金华知府，清正廉明，深受百姓爱戴，王阳明非常钦佩。

遇刺

正德二年（1507）初，王阳明表面上离开京师，去往贬谪之地。但是本应去西南方向，他却往东南走。盛夏时节，王阳明回到钱塘，客居在各大寺庙、道观，不想此时遭遇了刺客。

王阳明遇刺的经历，正史记载简略，广为流传的是冯梦龙在《王阳明出身靖乱录》一书中撰写的故事。当时，王阳明正寓居胜果寺。刘瑾不想放过王阳明，暗地里派人尾随而来。

一日午后，王阳明在走廊纳凉。突然两个大汉跳入内院，二人矮帽窄衫，穿着像校官模样，腰悬单刀，问："官人是兵部王主事？"

王阳明回答："是。"

二大汉道："有人有话对你说，跟我们走！"

王阳明问去哪里，二汉仅言："你往前跟我们走就知道了！"

王阳明此时正在生病，推说自己不能行走。哪知这二大汉立马左右两边架着王阳明双臂，提携而行，道："去的地方不远，我们扶着你走便是。"

王阳明不得已，只能听之任之。走了大约三里路，听见背后有脚步声，王阳明回头一看，两个面熟的人追了上来。

二人对王阳明说：“先生可认识我们？我们是住在胜果寺旁边的沈玉和殷计。早就听说您是当世的贤者，平时不敢来向您请教。刚才听说有二人将您胁迫走，我俩害怕您遭遇什么不测，所以特地追到此地。”

二大汉脸色一变，对他们说：“这人是朝廷罪人，你们要和他扯上关系吗？”

二人驳斥道：“朝廷已经将阳明先生贬官了，又为什么还要加罪于他？”二大汉挟持王阳明接着往前走，沈、殷二人在后面跟随。

天色渐晚，来到江头一间空房间中，二大汉对沈、殷二人说：“我们其实是奉刘公公的命令来杀王主事的，和你们不相干，赶紧离开吧。”

沈玉说：“阳明先生是当今贤者，让他死在刀下太惨了，而且遗尸江口，一定牵涉地方官府，这件事绝不可行。”

二大汉说：“你说的也是。”说罢，从腰间解出一条长丈余的青索，递给王阳明说：“你自尽，怎么样？”

沈玉又说：“绳上死与刀下死同样凄惨啊。”

大汉大怒，拔刀在手厉声说：“这件事不解决，我无法复命，一定死于主人之手。”

殷计说：“您不必发怒，让阳明先生夜半投江而死，既能保全尸，又不牵涉地方官府，您也可以回去报告，这样不是很好嘛？”

二大汉低声商量了一下，收刀入鞘说：“这样可以。”

沈玉说：“阳明先生今晚命尽，我们与他沽酒共饮，让他醉酒忘苦。”

二大汉同意了，把王阳明锁在屋子里。王阳明对沈、殷二人大呼道：“我今晚必死，烦请二位将我的死讯告诉家人。”

二人说：“需要先生的手书，家人才会相信啊。”

王阳明说：“我袖中有纸，但没有笔墨。”

二人说：“我们从酒家那里借来。”

沈玉与一个大汉去买酒，殷计与一大汉守着王阳明。过了一会儿酒买回来了，沈玉和大汉还带回了椰瓢。沈玉斟满递给王阳明，不觉潸然泪下。王阳明说：“我得罪朝廷，死也是理所应当。我都不悲伤，你又何必为我悲伤呢？”

王阳明一饮而尽。殷计也敬上一瓢，王阳明又一饮而尽。酒罢，王阳明取来纸笔，援笔写诗一首：

学道无成岁月虚，天乎至此欲何如？
生曾许国惭无补，死不忘亲恨有余。
自信孤忠悬日月，岂论遗骨葬江鱼。
百年臣子悲何极，日夜潮声泣子胥。

诗后面写下很长的绝命辞，写完又翻过纸，用篆书写下十个字：阳明已入水，沈玉、殷计报。

二大汉不通文理，但见到王阳明手不停挥，都惊叹先生为天才。王阳明且写且吟，四人互相酬劝，都醉得迷迷糊糊。快到夜半，云月朦胧，二大汉借着酒兴逼王阳明投江。王阳明先感谢二大汉让他得留全尸，然后走到江岸边。他回头对沈、殷二人说：“必报我家，必报我家。”

说完从沙泥上步入江中。二大汉一来酒喝多了，二来江滩湿滑不便跟从，就站立岸上，远远望之。听到有坠入水中的声音，一响之后寂然无声。站立多时，放心不下，就一步步走下江滩。见到江滩上有云履一双，又有纱巾浮于水面，一大汉说：“王主事果然死了，要把这两件东西拿回去。”

沈玉说：“留一件在这里，让早上的行人见到，知道阳明先生落水而亡。传到京城，也可以为你们做个见证。”

二大汉说：“言之有理。”就把云履留在那里，只捞了纱巾。

沈、殷二人将王阳明已死的消息带给了他的家人。家人悲痛不已，找人打捞了几天，但尸体都寻不着。弟子们听到了都哀悼叹息，只有徐爱认为王阳明没有死，他说：“天生阳明，倡千古之绝学，怎么可能就这么死了呢？”

话说王阳明果然不曾投江。他算定江滩是个绝地没处走脱，二大汉必然放心，因此他把云履、纱巾留在那里做个证见，取大石块向江心抛去，“扑通”声响，让二大汉、沈玉和殷计都以为他投江了。

王阳明却藏身于岸边的高坎之下，第二天搭乘一艘小船到达江西广信府。船夫见他连鞋都没有，就送了他一双草鞋。下船后王阳明又搭上一艘船，到达了福建北部。

当地巡海的士兵见王阳明相貌不像是商人，打算逮捕他，王阳明说：“我是兵部主事王守仁，因为得罪了朝廷，受了廷杖，被贬为龙场驿驿丞。我自念罪孽深重，想要自杀，所以在钱塘江投水。遇到一个怪物，鱼头人身，自称巡江使者，说他奉龙王之命前来相迎。我随他到了龙宫，龙王前来迎接，说我日后前程尚远，命不当死，还用酒食款待我。派使者送我出江，驾一小舟送我至此。”

士兵对他的说法感到十分惊讶，立马叫人去报告当地官员。王阳明一听涉及官府，怕阉党谋害，趁士兵不注意逃跑了。

王阳明狂奔三十多里，到了一座寺院旁。此时天已昏暗，他扣寺门投宿，开门的僧人说：“这里不许外人留宿。离此不远有一座废弃已久的野庙，你可以住在那里。”王阳明只好留宿于野庙。

半夜，忽然出现一只老虎！它在王阳明栖身的庙堂外绕廊大吼，却不敢进去，待了一阵子就离开了。

第二天清晨，那位僧人来野庙搜罗王阳明的财物。原来，这间野庙早已成了虎穴，僧人故意将行人引入此处，待行人被吃、老虎离穴后来搜罗财物。他根本不能算作僧人，只是一个披着僧袍的恶人而已。

恶僧进入庙堂，见到王阳明还在熟睡中，呼唤了几句，见王阳明醒了，非常惊讶，说道：“先生真不是一般人，不然，怎么会安然无恙呢？”于是邀请王阳明到寺中。

在寺中，王阳明见到一个道士，有些面熟。道士笑着对王阳明说：“你还记得贫道吗？”

王阳明仔细端详一番，猛然记起，他就是当年新婚之夜，在铁柱宫遇见的那位道士。道士笑着说道：“我之前说过二十年后我们再相见，没有骗你吧。”王阳明心中一算，果然过去了二十年。

◆《海门潮信》·明·孙克弘

见到故人，王阳明非常高兴，他向道士请教：“我被奸臣刘瑾所害，幸亏逃脱不死，现在想要隐姓埋名、归隐避世，但是不知道何处可以容身，还请大师指点。”

道士说：“你不是还有亲人在世吗？万一刘瑾发怒抓捕你父亲，诬赖你投奔他国，到时候你如何应对？”

于是王阳明决定返回家乡再奔赴龙场。临行前，王阳明在寺院的墙壁上题下《泛海》一诗：

险夷原不滞胸中，何异浮云过太空。
夜静海涛三万里，月明飞锡下天风。

艰险困苦不过浮云而已，带着这股坦荡向前的气势，王阳明转路回家，踏上归途。他抄近路，过武夷山北上到达南京，探望父亲王华，再赴余姚探望祖母。让家人安下心来之后，他踏上了通往贵州龙场的路途。

破败的龙场驿

正德三年（1508）正月，王阳明启程前往贵州龙场驿。他南下衢州，再折向西行，过南昌，经长沙，直入贵州境内，于三月上旬到达龙场驿。

驿站，是古代往来官吏的歇脚处，也是传递公文的差役换马的地方。龙场驿，由奢香夫人设立。她是明朝初年的贵州宣慰使，彝族的巾帼英雄。朱元璋曾称赞："奢香归附，胜得十万雄兵。"龙场驿在设立之初就小而简陋，只有驿丞一人，没有其他固定人员，凡事都要驿丞亲自料理，同时瘴疠流行、疾病易发，是一个条件很差、环境艰苦的驿站。后来，贵州官府准备削减龙场驿，不提供经费，不维护管理，让龙场驿自然破败。龙场驿已名存实亡。

王阳明千里迢迢到达龙场，按着当地官员和地图的指引，走进了贵州西北的万山丛棘。当他终于找到龙场驿的所在位置后，他发现，这里根本就没有驿马，只有一条条乱爬的毒蛇而已。最要命的是，这里连个住的地方都没有，只能看到废墟的痕迹。

无奈之下，王阳明和两个童子开始物色住的地方。他们找到了一个天然小溶洞，洞高三米，最宽处四米，深二十余米，他们在此住了下来。洞内有一个石罅，如同一个天然墓穴，王阳明喜欢在这里静坐、睡觉、思考《易经》道理及其他圣贤思想，并将此处命名为“玩易窝”。他和童子还在当地百姓的帮助下盖起草庵。他们砍削木头作龙骨框架，夯土筑墙，茅草作顶，终于盖起了一间高度不及肩膀的草庵。他把这一番凄苦境遇写入《初至龙场无所止结草庵居之》这首诗中：

草庵不及肩，旅倦体方适。
开棘自成篱，土阶漫无级。
迎风亦萧疏，漏雨易补缉。
灵濑响朝湍，深林凝暮色。
群獠环聚讯，语庞意颇质。
鹿豕且同游，兹类犹人属。
污樽映瓦豆，尽醉不知夕。
缅怀黄唐化，略称茅茨迹。

诗文末句的“黄唐”是指黄帝和唐尧（尧帝）；化，指生活风俗；略称，指相似；茅茨，指茅草屋。王阳明苦中作乐，怀想远古的圣贤轩辕黄帝和尧帝不也都是住在简陋的茅草屋中，因此觉得简单自然的生活也是极好的。

解决了住的问题，接下来该解决吃的问题了。随身携带的干粮快吃完了，钱也不多了，以后就得向周围的山民讨食、采食野菜度日了，童子们都很不满。王阳明联想到孔子周游列国时，被困于陈国和蔡国之间，饭菜全无，七天吃不上饭。他想：这肯定不行，该怎么办？得自己种地了。

王阳明从小就没干过农活儿，现在只能跟着当地人学习如何种田了。还好当地人采用的火耕方式简单易学，没过多久，王阳明和童子们就开辟了数亩的田地。那段时间，王阳明每天都扛着锄犁到田间除草、疏苗、浇水。虽然很辛苦，但王阳明从中参悟到，即使是种田也必须要有持之以恒的精神，并且觉得田间劳动还挺有趣的。

终于到了收获的季节，王阳明和童子们辛苦地收割完稻谷，看着人生第一次耕种的成果，他们非常开心。高兴的王阳明还留下一些稻粒给飞鸟啄食。此时的王阳明犹如陶渊明，将务农生活转化为诗意的栖居，对万物都有一种共情体验。他将这段经历和感受写成了这首《谪居绝粮请学于农将田南山永言寄怀》：

谪居屡在陈，从者有愠见。
山荒聊可田，钱镈还易办。
夷俗多火耕，仿习亦颇便。
及兹春未深，数亩犹足佃。
岂徒实口腹？且以理荒宴。
遗穗及乌雀，贫寡发余羡。
出耒在明晨，山寒易霜霰。

食宿都安顿下来，内心的愁苦却一股股涌上心头。王阳明回想自己考中进士后，一路升官至兵部主事，结果却因仗义执言，受廷杖、入牢狱，被贬到这么偏僻荒凉的地方，担任一个名不副实、活像个野人的驿丞，与父亲、妻子远隔千里，不得见面；而朝堂之上，刘瑾仍把持朝政，祸国殃民。一想到刘公公的嘴脸，王阳明就恨得咬牙切齿。

曾经想要建功立业，在这里却看不见一丝实现的希望；想成圣成贤，在没有诗书和学友的龙场，这也不过是心中的幻想。但当王阳明想到自己遭遇刺杀、直面死亡的那一刻，他了悟了，这些荣辱得失真如梦幻泡影，不值得执着妄想。他进一步想，如果自己死了呢？能放得下对生的执着吗？不行，还有好多的留恋，还不想死。可是活着，又实现不了自己心中的抱负，太痛苦了！想到这里，王阳明忆起《中庸》里讲“君子居易以俟命”，君子安居现状来等待天命。于是对自己立誓：“吾惟俟命而已”，自己也只能等待天命了。

怎么俟命？要让自己安居现状，就要接纳眼前的艰苦，保持内心的宁静。于是王阳明开始在洞中日夜打坐入静，追求内心静一的境界。久而久之，王阳明心中洒脱，对当下的艰苦处境也不那么在意了。

在王阳明静坐期间，一直跟随他的两个童子却先后病倒。王阳明只得亲自挑水砍柴，淘米熬粥照顾他们。王阳明发现，童子病倒的原因不只是由于水土不服，更是因为内心抑郁，抱怨环境艰苦，不愿待在这里，又不知什么时候才能离开这个蛮荒的地方。于是王阳明吟诵诗歌，想让童子们高兴起来。可是诗歌的境界太高，童子们没有共鸣，还是满脸的不高兴。无奈，王阳明哼唱起了雅俗共赏的越曲，又挖空心思，想出来些笑话逗乐二人，这才让童子们暂时忘却了疾病的痛苦和环境的艰苦，逐渐都康复了。

童子们摆脱了病痛之苦，王阳明也非常高兴，他深刻感受到了帮助他人时内心的快乐，而且这份喜悦之情让他开始从更积极的角度审视当下的境遇。他开始思考："圣人处此，更有何道？"倘若孔子这样的圣贤处在他这样的境遇，会怎么办呢？

想了一阵子，没有想得很清楚，王阳明就躺下睡了，想不到答案竟意外来临……

◆《四松丘壑》·明·沈周

万山之中，林木茂密，人烟稀少。倘若被贬谪至这样的山林中，不仅生存艰难，内心也必定十分愁苦。

龙场悟道

那一夜，草木寂静，繁星满天。突然，一阵激动的叫喊声打破了深夜的寂静。正在熟睡中的童子被声音吵扰，皱了皱眉头，但迷迷糊糊中听出是先生在叫喊，赶忙起身去看，只见王阳明早已从地铺上蹦了起来，欢呼雀跃。王阳明看了眼童子，兴奋地说："刚才在睡梦中好像有人和我讲话，我听了大悟：圣人之道，吾性自足，向之求理于事物者误也！"

欢喜的王阳明赶紧回忆儒家五经的话语，将自己顿悟的道理与圣贤的著述相对照，发现可以一一印证，吻合无间。龙场书少，王阳明主要凭记忆回忆五经，结合顿悟的道理在接下来的日子撰写下《五经臆说》，这可谓阳明心学的著述之始。

那么，该如何理解"圣人之道，吾性自足"呢？

《传习录》中，徐爱对这个观点提出了疑问。他是王阳明的妹夫，同时也是爱徒。徐爱之于阳明，有如颜渊之于孔子。徐爱追求成就圣人的至善品格。他不理解老师说的"至善在吾心，不假外求"，这句话和"圣人之道，吾性自足"意思一致，于是讲道："至善如果只向自己的心性去求，恐怕会遗漏天下事物中的至善道理啊。"

听了徐爱的困惑，王阳明给出了那句极度抽象又经典的回答："心即理也。天下又有心外之事，心外之理乎？"此处的心并非头脑理性，而是直觉层面的良知。理是朱熹所说的天理，是仁义礼智的总和。王阳明认为，朱熹所推崇的天理应当是良知，良知存在于每个人的心中，我们的心中本来就蕴藏着至善的圣贤品质。

徐爱还是很疑惑，问道："比如奉养父母的孝道、辅佐君主的忠诚、对待朋友的诚信、服务百姓的仁爱，这些事情中有许多道理在，恐怕不能不考察啊。"

王阳明慨叹议论了一通，说道："都只在此心，心即理也。"并强调，如果自己的心，即良知，没有被一己私欲所蒙蔽，一颗纯粹善良的心在奉养父母时自然会孝，在辅佐君主时自然会忠诚，在与朋友交往、服务百姓时自然会诚信和仁爱。

徐爱说："听到您这么说，我感觉自己开始明白了，但以前学的旧学说（主要指朱熹的学说）我觉得也很有道理啊。比如奉养父母这事，冬天为父母暖被窝，夏天给父母扇凉风，每天早晚向父母问安这些行为，有许多的礼节要求，难道不需要讲求吗？"

王阳明回答："……如果有一颗孝亲的心，冬天自然会考虑父母是否寒冷，怎么让他们保暖；夏天自然会思考父母是否感到炎热，怎么让他们更清凉……"（语录原文见261页）

所以说，儒家的很多道德礼节，其实重要的不是外在形式，关键在于我们有没有这份心。同时，圣人品格就在我们心中。

"圣人之道，吾性自足"就是指"心即理"，良知即天理，但学生们普遍觉得概念太抽象，于是王阳明又补充说：“大家要明白我为什么强调‘心即理’，因为大家总忽略心和理之间的联系，结果产生很多问题。比如春秋五霸尊周室、攘夷狄，虽然各自成就了一番霸业，但都是为了一己私心，与理不符。有人却往往羡慕霸主们的事功，只求外表做得好看，却忽略了做事时的心，这样多半会变得霸道虚伪而不自知。所以‘心即理’，就是要我们在心上用功，不去心外求义。”

可见，比结果更重要的，是我们做事的初心。

那么该如何探索自己的心性，从而了悟心中的至善本性呢？按照《大学》的“八目”，王阳明先给弟子们讲解格物的方法。

什么是格物？王阳明讲：“为善去恶是格物。”这是他后来总结的，之前讲得有些晦涩。

早些时候，他解释“格”为“正”的意思，“物”为“事”的意思。格物，就是“正事”。什么意思？他接着解释，“格”为“正”是指“正其不正以归于正”。“正其不正”，就是要去除恶的念头和言行，比如去除过分贪财、过度好色、爱慕虚名等不良念头。“归于正”，就是回归善念，多做好事，如多想想仁义礼智信，多做做利于大家的事情。因此，王阳明后来讲“为善去恶是格物”，简单明了，便于践行。

认真听讲的弟子黄以方还记下了老师所讲的重点：“格物之功，只在身心上做。”要在身心上为善去恶、去除私欲，不在别处用功。

大体讲完格物，王阳明讲解第二个条目：致知，他解释为“致良知”。《传习录》中多处记载了致良知的相关论述。“致”是“至、达到”的意思，致良知就是“致吾心之良知”，达到我心本具的良知。王阳明在写给弟子聂文蔚的信中，就对致良知作出了解释：

“人就是天地的心，天地万物本与我为一体。百姓所遭受的困苦与荼毒，哪一件不是自己的切肤之痛？不能感同身受的人，便是还未生起是非之心。人的是非之心，不虑而知，不学而能（不必思虑便可知道，不必学习便能具备），这就是所谓的良知。”

“良知自在人心，不论圣贤还是愚人，从古至今都是相同的。世上的君子，只要专心致良知，自然能秉公判别是非，与人同好同恶，视他人如同自己，爱国如同爱家，视天地万物与自己同为一体，使得天下都得到治理。”

“古人之所以能够看见他人行善如同自己行善，看到他人作恶如同自己作恶，看到百姓饥饿痛苦如同自己饥饿痛苦，有一个人没有过上好的生活，就好像自己把他推入深坑中似的，这并不是因为他们故意表现出这些而想取信于天下，而是专心致良知而自求心安理得而已。尧、舜、禹、汤、周文王、周武王这样的圣人，说的话百姓没有不相信的，因为这些话是致良知后说出来的；他们做的事百姓没有不喜欢的，因为这些行为是致良知后做出来的。所以他们的老百姓和谐安乐，就算被处死也无怨言，得到好处十分感恩。以此推及未开化之地，凡是有血气的人没有不孝敬双亲的，因为人的良知是相通的。唉！圣人治理天下多么简单容易啊！”

王阳明还给弟子陈九川讲：“你那一点良知，是你自己的准则。你的意念所关注的事情，事做得对，良知便知是对的；事做错了，良知便知是错的，一点都瞒不了良知。你只要不欺骗良知，踏踏实实地按照良知的指引去做，善念便存，恶念便去，这是何等的安稳快乐！”王阳明后来总结为“知善知恶是良知”，这种每个人与生俱来的直觉判断就是良知。（语录原文见244页）

王阳明强调：“不是悬空的致知，致知在实事上格”，要在做事中格物致知。有一位王阳明手下的官吏，长期听先生讲学，但是发现自己听了很多大道理，却依然过不好这一生。他意识到问题在于自己工作太忙，没有时间实践，就来问王阳明：“先生您的学问十分好，可是文书、断案复杂困难，没有时间学习、实践格物致知。”

王阳明回答说：“我何时教你离开文书、断案，凭空去做学问？你既然要处理官司，便在处理官司上做学问，这才是真正的格物。比如断案，不可因当事人回答时无礼就发怒；不可因他言语婉转通畅就喜爱偏心；不可因厌恶他说情就故意惩罚；不可因他苦苦哀求就屈意答应；不可因自己事务繁杂就随意糊弄；不可因他人诋毁、罗织罪名就听之任之。这许多的情况都是私心在作祟，只有你自己知道，必须精心反省体察、去除病根，唯恐心中有一丝一毫的偏移就断错了案件的是非。这就是格物，就是致知。文书、断案之间，无非都是实实在在的学问。不能离开了事物去做学问。”

王阳明解释的格物、致知，再加上《大学》中已解释的诚意、正心、修身、齐家、治国、平天下，这些就是通往至善境界的修心功法。

听了老师的讲课，学生们去生活中实践为善去恶，王阳明发现了一些问题，便着重强调“知行合一”。

王阳明看到，很多学生没有认识到及时根除恶念的重要性，以为只要不做恶事就行了，就对学生们说："今人的学问，把知与行分作两件事，所以有一个恶念发动，虽然不去做，但却不禁止这个恶念。我如今说知行合一，正是要人晓得一念发动之处就是已经实行了。意念发动有不善的地方，就要将这个不善的念头克去，必须彻底根除，使得不善之念不能在心中潜伏。"

除了恶念不能被及时根除，还存在善念落实不到实践中去的问题。学生徐爱见到许多人知道应当孝顺父母、友爱兄弟，却做不到孝顺、友爱，因此不理解为何知和行本是一件事，向王阳明请教。王阳明说："未有知而不行者，知而不行，只是未知。"知道善的道理却不行动，其实还是没有认识到道理的意义所在，以及不按此行事的弊病所在。所以说，那些所谓知道孝顺父母、友爱兄弟的人，如果没有做到这些，就不能说他们是知道了。（语录原文见255页）

王阳明还说："知是行之始，行是知之成。如果领会了它的含义，只说一个知，就已经有行在里面；只说一个行，就已经有知在里面。"因此，知与行本就一体，恶念要及时断除，善念要落实于行动。

最后，回到王阳明在龙场悟道那一刻的顿悟："圣人之道，吾性自足，向之求理于事物者误也！"儒者成圣就是要成就至善的品格，"至善在吾心，不假外求"，需要用心、反复地格物、致知、诚意、正心、修身，进而齐家、治国、平天下，践行知行合一，方能达到圣贤的生命境界。后来在征抚思田之前，王阳明写下《大学问》，将他的心学核心思想做了系统的阐述。

碰到个小官儿摆大架子

“玩易窝”里潮湿阴冷，而住在简陋的草庵，又必须忍受漏风漏雨，而且野鹿、野猪时常跑来“拜访参观”，偶尔还有凶恶的野兽环聚。惹不起，还躲不起吗？住了一阵子，王阳明和童子们就搬走了。

王阳明搬到了龙冈山上的一个大洞之中，这里更加高大宽敞，他将这个洞命名为“阳明小洞天”。虽然住在岩洞中不那么舒适，但是当地的老少居民熟悉了王阳明之后，经常来看望他，他也就不觉得这里简陋不宜居了。

王阳明龙场悟道的事情经口耳相传，名气渐长，龙场这个地方虽然是偏远之地，但还是有很多人慕名前来向他求教。王阳明心想，不如就在这里办学，讲授圣贤之道。

有了想法就行动起来，王阳明在当地居民的帮助下，不到一个月就建起了一处不大的书院，起名为“龙冈书院”。

龙冈书院有一轩、一亭、一堂、一园，即何陋轩、君子亭、宾阳堂和西园。书院虽然不大，但是环境精致幽雅。何陋轩周围植了一圈绿竹，五颜六色的花卉种在台阶两旁。轩内，有书籍古琴，学子往来其间，探讨学问。书院简陋，唯师友德馨。

何陋轩被竹子围绕，君子亭也被竹子掩映，王阳明对竹子的喜爱显而易见。格竹七日病倒的经历并没有让他对竹子产生反感，因为他喜欢竹子的君子品格。他给学生们讲：“竹子有四种君子品格：一是中虚而静，通而有间隙，有君子之德；二是外节而直，四季叶色不改，有君子之操；三是春天破土而出，雨雪天不变样貌，有君子之时；四是清风来时，竹林间有翠玉碰撞之声，枝条微曲如群贤敬礼，无风时则挺然特立，如伟丈夫立于朝堂之上，有君子之容。”他讲完，有学生笑着说：“这不就是说您自己嘛，还绕个弯儿说竹子。”王阳明说：“言过矣，我还没达到这么高的境界啊。”

宾阳堂位于君子亭侧，为王阳明会客之所。

西园则是后来建起来作为王阳明起居之所的。

书院建成后，一时间，学子云集。每当山花烂漫、天朗气清之时，王阳明喜欢带着学生到野外郊游、歌咏、谈论学问，不禁让人想起《论语》中孔子和学生曾点所向往的生活：“春服既成，冠者五六人，童子六七人。浴乎沂，风乎舞雩，咏而归。”

当时，贵州的一些官员和世族都将子女送到王阳明的书院学习，有时也派人邀请王阳明到贵州各地讲学。后来提学副使席书还聘请先生到贵阳书院讲学。

听课的学生们非常敬重王阳明。有一次，思州太守派人来龙场驿视察。派来的视察官员命令王阳明跪拜他。王阳明曾官拜兵部主事，职位曾远高于他，这是明显的怠慢、侮辱行为。学生们看见老师受辱，个个义愤填膺，将这个视察的人打了一顿。

视察员鼻青脸肿地跑到思州太守那儿告状，太守大怒，将此事上告给都察院。时任都察院左副都御史，人称“毛宪副”的毛伯温派人传信给王阳明，劝他向太守谢罪。

王阳明写下《答毛宪副》，表明自己的态度：

“……这个视察的人是挟太守的威风凌辱下级，这不是太守的本意。而听讲的人殴打他也并非是我指使，是他们心生愤怒、胸有不平。太守没有侮辱我，我也未曾蔑视太守，谢罪又从何说起呢？”

“跪拜的礼节，本是小官的本分，不足以算作侮辱，但是也不能够无缘无故就下跪！不当行礼却行礼，当行礼却不行礼，这都是自取其辱。本来我就是个被放逐待死的小臣，所能守护到死的，就是忠信礼义而已。如果连忠信礼义都不坚守的话，那将会有更大的祸患……”

“我在这瘴疠之地处之泰然，就是知道生死有命，不以一时的获罪而忘记自己终身行之的准则啊。太守如果加害于我，我也只当是魑魅魍魉加害于我，我怎么会因此而动心呢！……”

后来思州太守也看到这封书信，读完后非常惭愧，开始佩服王阳明的为人，待之甚重。

趙令穰意
蘭社翁正之
虛谷

第四章　讲学多地

◎升迁

◎讲学京师

◎环滁皆山也

◎日夕切磋南京城

升迁

否极泰来，正德四年（1509），王阳明接到任命，由龙场驿驿丞升任庐陵（今江西吉安）知县。离开龙场，王阳明最牵挂的就是他的学生们。他恋恋不舍，写下了《将归与诸生别于城南蔡氏楼》：

天际层楼树杪开，夕阳下见鸟飞回。
城隅碧水光连座，槛外青山翠作堆。
颇恨眼前离别近，惟余他日梦魂来。
新诗好记同游处，长扫溪南旧钓台。

在去庐陵的东行路上，王阳明兼顾讲学，吸引了众多学生前来受教。他迫不及待地把在龙场参悟到的道理传授给学生们，希望更多的学生能从致良知、知行合一等思想中受益。

正德五年（1510）三月十八日，三十九岁的王阳明到达庐陵县。一到县衙，成堆成堆的诉讼案件就堆到了王阳明的面前。很明显，这里的百姓喜欢打官司。

旋即出了新状况：乡民一千余人冲入县城，直扑县衙，向县太爷王阳明陈情请愿。听到消息，王阳明出来安抚百姓。他倾听了百姓的诉求，安抚一番过后做出了承诺，让百姓暂且离开。随后他询问差役、查阅卷宗，全面了解了情况，他意识到这是个棘手的问题。

百姓不会平白无故大量上诉，关键问题是官府赋税苛重。向百姓摊派重税的是县太爷的上级、朝廷的镇守中官，一个手握大权的宦官。

清楚了情况，王阳明内心的良知也给出了答案：为了维护百姓利益，要与宦官周旋。顾不得镇守中官的淫威，他致信上级陈述事件原委，论述一定要免去百姓的沉重赋税。文末甚至说，上官若有怪罪，自己大不了罢官归田。后续的细节我们不得而知，但最后王阳明免去了百姓的重税。

仍有上级官员向民间借贷银两、变相摊派，王阳明谕告庐陵的父老乡亲："我难道不希望你们安居乐业，不被这等事情骚扰吗？赶上官府有急难的时候，也是不得已。现在急难已经过去，本府绝不再向你们借贷钱粮。如果有人私下索取，一定是假借官府名义的奸伪之徒。遇到这种下乡征收钱粮的，带他来官府交由我处置，不必多生事端。"

同时，王阳明也发现，好讼成风的庐陵县民也确实太爱告状，一点鸡毛蒜皮的小事都要跑到官家面前理论，而且不乏有人捏造事实。因此，王阳明颁布命令，要点是：只要不是涉及身家性命的事情，就不要乱写诉状；诉状也不要写太多废话，不能超过六十个字，超过了我不但不看，还要惩罚诉讼者。

王阳明借鉴了朱元璋时期的制度，在每里（行政单位，明代每里约一百一十户人家）选拔出德高望重的长者来专门调解矛盾，百姓诉讼必须先经由长者调解，无法解决再上诉官府。王阳明这样做并非是自己想要偷懒，而是他认为，为了一时的愤怒而去打官司、对簿公堂，很容易破败其家、祸及子孙，希望父老乡亲都要有宽容的美德。他设立了申明亭，申明十恶不赦、作奸犯科之人的过失，劝诫他人不去作恶；还设立了旌善亭，张榜表彰好人好事，劝人向善。

诉讼之风未平，灾疫又起。有人造谣疫病极易传染，结果出现了令人触目惊心的一幕：患病者被抛弃一旁，即使是骨肉至亲也不敢前来照顾，很多病人被活活饿死！见到这一场面，王阳明非常悲痛。他劝谕百姓，亲友邻里要相互扶持，守望相助，救人治疗的方法就在于践行孝悌之道；要及时给病人服用汤药，提供粥菜，清扫房屋；贫困人家，官府给予汤药，并安排了大夫走访诊病。

身为县太爷，王阳明还有很多重要但琐碎的工作要做，比如旱情、火灾等，其中，盗匪横行问题很严重。由于前任官吏没有有效剿抚，民间也缺少防盗办法，因此，庐陵县境内盗贼猖獗。王阳明实行了保甲法，卓有成效。保甲法由北宋名臣王安石创立，通常以十家人为一“保”，设一个保长统筹十家人事务，十家人中的年轻力壮者空闲时就进行军事训练，一旦发生抢劫偷盗等事情，“保”内相互支援协作，让盗匪不敢轻易偷盗。

为官七个月后，庐陵县基本得到了有效治理，民风向善。正德五年（1510），朝中发生了大事，刘瑾因被查出谋反证据被凌迟处死。昔日因触怒刘瑾而获罪的王阳明迎来了仕途上的转机。

讲学京师

正德五年（1510）十一月，王阳明回到阔别已久的北京，接受朝廷对地方官员的例行考察。他暂时在大兴隆寺落脚，令他非常高兴的是，当时湛若水担任翰林院编修，二人在北京重逢。另一位王阳明的挚友，也是重要的弟子黄绾，也在这时慕名而来。

黄绾从小就有志于圣学，遍读二程、朱熹、陆九渊等大儒的著作，但不能完全理解这些深刻的学问。黄绾的一个好朋友介绍说："士大夫如王阳明，有正确的学问方向，儒学造诣很深，不是只做表面文字功夫。你去和他切磋交流的话，肯定会有很大收获。"

于是，黄绾当天就来到大兴隆寺拜见王阳明。两个人交谈了一番，王阳明高兴地说："我们刚才讨论的学问已经断绝很久了，您从哪里听到的呢？"

黄绾未直接回答，而是强调了自己不够勤奋："我的学问很粗浅，但是我有志于领悟圣学，只是觉得自己还不够用功。"

"人怕的是没有志向，不要怕现在还没有成就。"第二天，王阳明将湛若水介绍给黄绾："您认识湛若水先生吗？他也有志于圣学，我们三人何不约定终日共学？"黄绾欣然答应。

第二天，三个人约定终日共学，颇有几分桃园三结义的意味。自此以后，三人工作闲暇时必定相聚，探讨圣贤之学，有时谈论时间太久，饮食起居便都在一起。

还有很多学生向王阳明讨教，或以书信交流，或登门拜访。一次，王阳明给黄绾和来拜访的应良讲，圣人之学已经很久没被正确讲授了，心须廓清心体、内心不留一点微小的障碍才能见到真性。应良很疑惑，请王阳明详细解答。

王阳明说："圣人的心，本来就如一尘不染的明镜，自然是不需要刮磨的。而普通人的心，则像充满污垢锈蚀的镜子，需要狠狠地刮磨一番，去掉上面的秽物，才能够原原本本地照见万物。"

"到这一步就已经是认识到了'仁'的本体了。千万不要认为这很难就怀疑它不能实践。通常来说，人都是喜欢做容易的事情而讨厌难事，这其中也有私意习气所纠缠蒙蔽，但是一旦识破了它，那么就不会觉得这是很难的事了。古代就有这种为了获得它而万死不辞的人。在之前你们还不能区分这种内在和外表的道理，那么自然无从下手；现在你们懂得了这个道理，就需要克服这种好易恶难的习气。"

正德六年（1511）正月，王阳明升任吏部验封清吏司主事，可以长期在北京讲学了。他在大兴隆寺的讲学吸引了越来越多的学生。人一多，争论的议题、见解的分歧也多了起来。其中，最重要的一场讨论是争论朱熹理学和陆九渊心学的异同。

事情的起因是王舆庵与徐成之辩论朱说对还是陆说对，王舆庵挺陆说而徐成之挺朱说，谁也没说服谁。朱熹和陆九渊都是钻研圣贤之道的大儒，都非常值得敬重，但是，不同的人毕竟对圣贤之道的认识不同，有对有错，有深有浅，需要分辨认识。这对于想弄清楚到底按照谁的学说去改变自己、成就圣贤品质的学子来说是非常重要的。同时，朱熹的学说被定为官方教科书，如果公然反对，也会遭来很大非议，评价要相当慎重。

对朱说与陆说的评价，王阳明写信对徐成之说："朱说正确、陆

◆《矫亭说》（局部）·明·王阳明

"君子之行顺乎理而已，无所事于偏。偏于柔者，矫之以刚……"行书秀气飘逸，又透出正大刚直的气势。王阳明的书法真是字如其人。

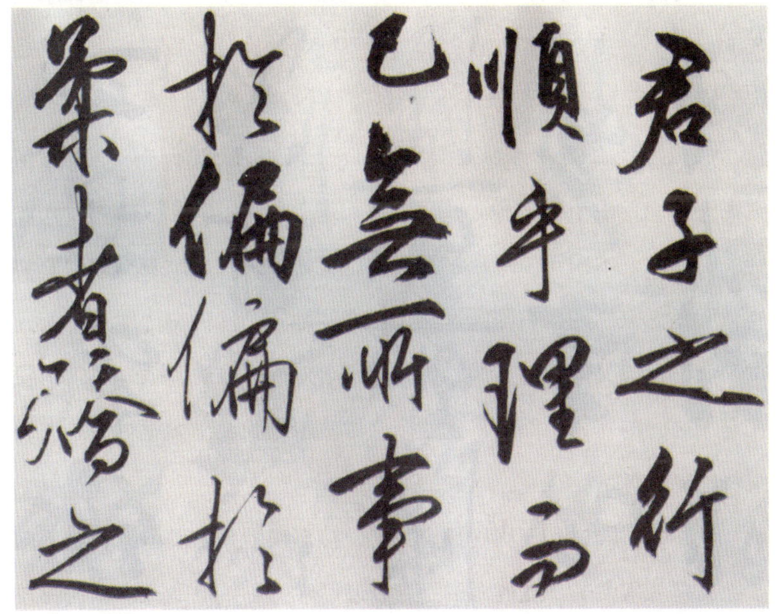

说误，这是天下人早就下定了的结论，时间久了，世人这种意见也很难改变了。即便你说服了王舆庵，那王舆庵他会突然改行朱说吗？”

徐成之认为王阳明的解释含有朱说、陆说两边都有道理的意思，立场含糊不清，而世上读书人皆从朱说，现在王阳明认为双方的学说都有道理，这实际上不就是暗中在给王舆庵助威吗？

针对这一误解，王阳明又写信回复徐成之说：“王舆庵同意陆说，认为陆说是专以尊德性为主，但我看《象山文集》，没有发现陆九渊教育学生不用看书。他在看书方面与别人见解不同的地方在于，他认为阅读的最终目的是要将从文字中理解的意思在自己身上检验和体验。他多次所提到要‘居处恭，执事敬，与人忠’‘克己复礼’‘万物皆备于我，反身而诚，乐莫大焉’‘学问之道无他，求其放心而已’‘先立乎其大者，而小者不能夺’等话，就是在讲孔孟之语，这些话哪里空虚了呢？”

那么为什么陆说容易被误会呢？王阳明回答道：“只是其简易觉悟的学说，由于直指身心，表面看起来单纯简单，所以颇为世人怀疑。简易之说本出于《周易·系辞》，觉悟之说，虽然有类似佛家学说，但是佛家学说也有与儒家学说相通的地方，他们有些地方的差异本来就不大，又何必讳言儒、佛有相通之处而不敢说，眼光仅仅局限在它们之间的差异，而看不到整个全体。所以我说王舆庵对于陆说的阐释也是没有完备的。”

王阳明对陆说和王舆庵评点完了，接下来就是朱说和徐成之了：“徐兄是从朱说的，认为朱说是专以道问学为主，但是，朱熹也说过

‘居敬穷理’‘非存心无以致知’‘君子之心常存敬畏，虽不见闻，亦不敢忽，所以存天理之本然，而不使离于须臾之顷也’等话，这些话虽然没有说得太详尽，但也何尝不是以尊德性为事。为什么又有人说朱说是支离破碎的呢？”

王阳明进一步阐释：“只是因为朱熹平时忙于给书做训解，即使是《楚辞》《周易参同契》等非儒家典籍，也都要加以注释考证，所以有些人就认为朱熹是在‘玩物’。同时，也是由于朱熹怕后学们随意评点儒学，因此想要让他们做学问务实，务实了才能以诚心待物，所以重视‘格’万物之理。世之学者没有领会到朱熹的深意，而是偏到对典籍反复繁琐求证，生怕挂一漏万，甚至有终身都焊在这种琐碎学问上的人，正因为这样，才会被人议论说朱说支离，却不知这不是朱熹的本意。所以徐兄对朱学的理解，也是不完备的。”

最后，王阳明自己下结论说：“我认为，朱熹和陆九渊，虽然学问方向不同，但是都不失为圣人之徒。现在朱说天下人都学习，似乎是不容辩驳的；而陆说则从者寥寥。因此，我现在冒天下之大不韪，帮陆九渊昌明其学说，即使得罪了世上很多人，我也是无憾的。朱说遍天下，而陆说四百年来尚没有一个人来洗刷它的屈名，设想若朱熹地下有知，虽在庙堂上受着供奉，心里也是不安的。因此，我认为朱、陆学说都有道理，真的不是在暗中帮助王舆庵啊！”

在这一时期，由于身处北京，人才汇集，王阳明的讲学吸引来了非常多的听众，也收了很多弟子。他边讲学边进一步钻研学问，又在向学生讲解的过程中，完善了自己的学说。

环滁皆山也

正德八年（1513），王阳明升任南京太仆少卿，在滁州（今安徽滁州）办公，于十二月二十二日抵达。

走马上任后，王阳明发现匪患猖獗，于是让二百多户人家在马场自置房屋居住，依旧设立保甲，每日都有人巡逻，这样才抑制住了盗窃抢劫的案件发生。

处理完紧急的公务，王阳明就带着学生、朋友来到了心心念念的醉翁亭。北宋年间，欧阳修在滁州与智仙禅师结为知音，智仙禅师在山麓建造了一座小亭，欧阳修就此写下《醉翁亭记》。开篇一句“环滁皆山也”，将群山环抱之景一笔勾出，让人不禁对山中美景心向往之。滁州的确是山水佳胜处，王阳明和学生、朋友们有闲暇就游览于琅琊、瀼泉等处，缘溪踏花。到了晚上，月上梢头，众人环龙潭而坐，踊跃歌舞，欢声笑语在山谷中久久不绝，真是好不快活！

秋去冬来，初雪过后，王阳明与众友登上群峰之巅，远看天地间白茫茫一片，心中油然而生出一阵狂喜。待风日融丽，泉流鸟嘤，打开酒壶，于泉边畅饮，日暮而醉，咏歌而归，多么诗意的生活啊！

王阳明喜欢到龙潭静坐，在潭边梧桐冈写下一首《梧桐冈用韵》：

凤鸟久不至，梧桐生高冈。
我来竟日坐，清阴洒衣裳。
援琴俯流水，调短意苦长。
遗音满空谷，随风递悠扬。
人生贵自得，外慕非所臧。
颜子岂忘世？仲尼固遑遑。
已矣复何事，吾道归沧浪。

王阳明在空谷中悠然抚琴，体悟到人生自得的喜悦，虽然心中也想如孔子、颜回那样努力弘扬圣学，但是当下的境遇让他更偏于隐逸洒脱。仕途失意之人只能保持内心如沧浪之水清澈无染了。

王阳明还写下了《龙潭夜坐》一诗：

何处花香入夜清，石林茅屋隔溪声。
幽人月出每孤往，栖鸟山空时一鸣。
草露不辞芒履湿，松风偏与葛衣轻。
临流欲写猗兰意，江北江南无限情。

孔子当年周游列国推行自己的思想，却饱受挫折，在幽谷中见到香兰，弹《猗兰操》而自伤。王阳明身处此境颇有同感，但旋即又想到了自己与长江南北的朋友之间的情谊，不禁涌出一股思念之情。

王阳明还把静坐的功夫教给学生。他看见学生们整天因为所听所

见的浮于表面的事物争论不休，互相无法说服，徒增争吵，没多少益处。王阳明希望学生们通过静坐，先把心静下来，进而对事物有更深层次的思考和品味，有所体悟之后再去探讨，但如果静坐过多，身如槁木、心如死灰一般，也是不正确的。

有学生问："心静时感觉不错，但一遇到事情就没这种心静的感觉了，为什么会这样呢？"王阳明回答："……人须在事上磨，方立得住，方能'静亦定，动亦定'。"

平日思绪纷纷，一坐下来，学生们根本无法把心安顿下来，于是求教王阳明："就算身体不动，但是思绪纷杂，不能够让它们静止啊？"

王阳明回答："思绪纷杂，强行静止是不可能的，那么就需要在思虑的萌动之处细细地思索体察，逐渐认识到这些思绪最初从何而

◆《落华烟云卷》（局部）·明·陈淳

遨游山水之间，静听空山鸟语，王阳明在滁州的生活闲适如此。

来。这样就能够知道什么是天理，然后将这个天理一以贯之地放到各个思虑的事物上，那这些思想就是有条理而非纷杂的了。这也就是《大学》所说的‘知止而后有定’。”

又有人疑惑，如果这些思绪来自私欲而非天理呢？知道了私欲怎么就知道了天理，它们似乎是相反的啊。王阳明说：“就比如知道了什么事是做错了，那他心中自然是知道什么事是正确的了。”他用了一个比喻：“一个人每天懵懵懂懂地生活，不反思自己的行为，终日昏昏，这只能说是生活在梦中的白天；只有思考清楚了自己的行为，用体悟到的天理去贯穿人生，这才是真真正正活在白天。”

日夕切磋南京城

王阳明来滁州之前，安南国（今越南）正值新王登基。当时安南国王接受明朝册封，向明朝朝贡，湛若水被派往安南国册封新王。临别之际，王阳明写下这首《别湛甘泉》：

行子朝欲发，驱车不得留。
驱车下长阪，顾见城东楼。
远别情已惨，况此艰难秋。
分手诀河梁，涕下不可收。
车行望渐杳，飞埃越层丘。
迟回歧路侧，孰知我心忧。

没有华丽的语言，王阳明将送别之景与抒发不舍与忧虑之情结合到一起，知己真情在诗句中自然地流露。

完成出使任务，回京述职的湛若水特地取道滁州，两位知己重逢于正德九年（1514）的春天。

真正有思想的学者，对于听到的学说绝对不会轻易相信，接受与否，否定与否，都要经过自己的研究判断，即使是自己的挚友或者敬爱的老师的说法，也是如此。

王阳明与湛若水，虽是终身的挚友，但也有观点的交锋。比如，对于王阳明说“格物致知”格的是心而非外物，湛若水就有不同意的地方。湛若水认为人心与天地万物都是一体的，天地万物之理，应求知于天地万物，要“随处体认天理”。在他看来，天理既有心中的德性之理，也有万物中的自然之理。王阳明并不认同，两人在通信中常常进行观点上的切磋。

四月，王阳明升任南京鸿胪寺卿，准备从滁州赶往南京。王阳明与滁州的学子在江浦告别，虽然多次劝学子们回去，但他们依旧矗立在江边，等候王阳明渡江。

于是，王阳明又写下一首《滁阳别诸友》敦促他们回去：

滁之水，入江流，江潮日复来滁州。
相思若潮水，来往何时休。
空相思，亦何益？
欲慰相思情，不如崇令德。
掘地见泉水，随处无弗得。
何必驱驰为，千里远相即。
君不见尧羹与舜墙，又不见孔与跖对面不相识？
逆旅主人多殷勤，出门转盼成路人。

“如果真的舍不得我，就在德行修为上多下苦功吧。”读了这首诗，大家都回去努力自修了。

到了南京之后，四方学子汇聚南京城向王阳明求教，包括徐爱、陆澄、黄宗明、杨杓等众多高徒，师门相聚，日夕切磋。

这一时期，王阳明讲学的主要内容有所变化，因为有滁州学士和他说，滁州的学生现在有些人有很高深的儒学见解，但他们中的一些人却渐渐背弃了阳明心学。因此，王阳明反省：“我这几年一直都在引导学生抛开末流的知识，走高明的路子，尊崇陆九渊学说，目的是为了改变当世儒学不好的倾向，但一些学生偏好发表些脱离实际的新奇之论，开始流于空虚。我现在很后悔当时没有对学生说清楚做学问要务实，而不是只为了标新立异。因此，南京开始的讲学，我重点教学生‘省察克治’。”

“省察克治”重在修心。怎么做呢？王阳明说：“‘省察克治’的功夫，时时刻刻都得做，就像抓捕盗贼，必须扫除干净。没事空闲时，将贪财、好色、爱慕虚名等私欲一个个追究搜寻出来，一定要拔去病根，不再起念。动作要快，如灵猫捕鼠，一眼看着，一耳听着，刚有一念萌动，立即克治。”这也是格物时去恶的具体方法之一。

第五章　荡寇南赣

◎文臣带兵

◎奇袭

◎连破二寇

◎招降与诈降

◎会面『金龙霸王』

◎破心中贼

文臣带兵

正德十一年（1516）九月十四日，此时已四十五岁、正在南京讲学的王阳明忽然接到一道敕书，它将改变王阳明的文臣轨迹，也将改写五百年来史书对他的历史定位。

这是一道升迁敕书："奉圣旨，王守仁升都察院左佥都御史，巡抚南、赣、汀、漳等处地方，写敕与他。钦此。"都察院左佥都御史是正四品官员，手握军政大权。南、赣、汀、漳等处是指江西的南安府和赣州府，福建的汀州府和漳州府，以及广东、湖广（今湖南、湖北）若干府县。朝廷派王阳明干这个差事，主要是想让他完成一个任务——剿匪。

当时，南、赣、汀、漳这些地方巨寇横行，百姓深受其苦，而当地官员讨匪连连失利，劳民伤财且没有成效。于是，朝廷开始物色人才去除匪患。

第一道任命书发给了文森，文森听说当地的官兵完全不是巨寇们的对手，自量能力不够，害怕剿匪失败被问罪，上报朝廷自己身患重病，无论如何也不敢接任。

朝廷很无奈，只得另觅人才。这时，兵部尚书王琼特别举荐工阳明。王琼很有才干，后来成为明朝中期的名臣，后世有人将他和于谦、张居正并称“明代三重臣”。王琼不仅自己有才，还会识别人才，他特别举荐了王阳明。

起初，接到这个升职命令，王阳明是拒绝的，专门写了奏疏陈述自己不能胜任。他的理由有三条。

第一，身染旧病新疾，身体羸弱，无法胜任。

第二，军事才能不足，难堪重任。

第三，祖母今年九十有七，愿报养祖母，保卒余年。

奏疏发出，等回来的却是连续的催任命令：“王守仁不准休致。南、赣地方现今多事，着上紧前去，用心巡抚，钦此。”皇帝敕谕明确要他“抚安军民，修理城池，禁革奸弊”，还给予他更大权力，“一应地方贼情、军马钱粮事宜，小则径自区画，大则奏请定夺”。

在接连几道敕书的催促下，王阳明启程赴任。他初步了解了情况，南、赣、汀、漳等处，巨寇主要有四位：福建大帽山詹师富，江西的横水谢志珊、桶冈蓝天凤，广东浰头池仲容。他们和手下打家劫舍，甚至杀人放火、掠人妻女，百姓深受其害，十分痛恨。与梁山好汉们相比，他们丝毫没有替天行道的英雄气概。不过，王阳明碰到的第一波敌人并不在其中，而是一伙流寇。

正德十二年（1517）正月十三日，王阳明从杭州经过上饶来到江西万安。在离县城四十里处，前方突然遭遇数百人的流寇。知情的同路人说，他们平时用移动快速的舟船，强登来往货船，肆意劫掠，甚至焚烧商船，以致江面上大火蔓延、浓烟蔽日。

跟从王阳明来的妻子和家仆都感到很害怕，有后悔跟来的埋怨之词。当地官吏和其他船员极力劝阻王阳明不可前进，恐有生命危险。但王阳明却下令："我们的船和同行的商船都结为阵势，扬旗鸣鼓，与他们作战！"

众人都很吃惊，心想，我们这些人手，怎么能敌得过数百个强盗？见到大家很犹豫，王阳明解释道："我们冲过去，流寇不知道官兵虚实，必定不敢贸然行动。停在这里，反而让贼人料定官兵没有力量。"于是，大小船只排开阵势，气势汹汹地冲了过去。

这一招果然有了效果，几位流寇头目向着王阳明的舟船拜首，说："我们都是饥荒流民，为了活命不得已才如此。我们打心底也不想当强盗，还请大老爷您赈灾救济，给条生路。"

王阳明派人谕告这些流寇："等我到了赣州后，就差人来给你们赈灾、分地，各自安顿好生活，别再这样为非作歹，自取灭亡。"流寇们拜谢后就离开了。

从小毛贼到大贼寇，很多人也是不得已而落草。或是受官府横征暴敛之苦，官逼民反；或是受地主恶霸欺凌，一时错起念头，走上了错误的道路，难以回头。

奇袭

正德十二年（1517）正月十六日，王阳明抵达赣州。他在处理堆积的政务的同时，开始制定剿匪策略。

王阳明发现，官府一有举动，贼人就早有准备。可见，官府里有敌人的奸细！摸查过后，王阳明确定了一位老吏是大奸细。他把老吏叫到房间里，交谈了几句，说道："你想死还是想活，自己选吧。"

老吏惊恐，但还勉强装作不知，说："大人，我不懂您的意思。"

王阳明突然厉声喝道："证据确凿，还敢狡辩！"

老吏吓得"扑通"跪到地上，把自己通风报信的情况和其他的奸细都供了出来。

全面了解了情况，王阳明意识到好多百姓都是盗贼的耳目，于是他制定并实行了"十家牌法"。

"十家牌法"基于保甲制设立，编十家为一"牌"，各"牌"负责人每日轮流检查本"牌"十家的人数、当日行踪，凡是出现了可疑或陌生之人，就要立即向官府报告，否则出现状况，十家一起治罪。

王阳明还告谕父老乡亲，务要父慈子孝，兄爱弟敬，夫和妇随，长惠幼顺，严格奉行官法，恭俭持家，邻里和睦；凡是发生了事情，不要冲动，一定要学会忍让或者诉至官府，等等。

王阳明还要打造能打胜仗的军队。江西、福建、广东、湖广四省的官兵中，王阳明从中招募选拔骁勇善战、胆识过人的刀牌手、弓箭手等，组成精锐部队。再将其他兵士以四百至六百人编为一个单位，任命其中有军事才干的人为将领。免除老人、弱者的兵役，招募新兵。各支队伍严格训练、加紧备战。对于有军功之人，王阳明及时行赏以鼓舞士气。

秣马厉兵的同时，王阳明看着手头的情报，开始分析詹师富。詹师富于两年前与一群农民在这里落草为寇，倚仗大帽山的天险和细作们的通风报信，一伙贼寇多次抵御住了官府的讨伐。现在细作已除，只要能突破大帽山的天险，就能剿灭贼寇了。王阳明看着探子绘制的地图和探明的小路，想起了三国时期邓艾偷渡阴平、攻灭蜀汉的战例，思维过后，召集众将官，吩咐一番之后，出兵！

王阳明在调遣广东军队北上呼应的同时，派福建各级士官领兵五千余人直击詹师富的前营堡垒——长富村。长富村中的土楼如堡垒一般，以往官兵突入土楼之后往往被瓮中捉鳖。王阳明吩咐士兵突入土楼之后趁乱放火，用火攻顺利破敌，斩杀四百余人，俘虏百余人。贼寇在长富村失利，退入象湖山天险处据守。

王阳明早已安排好计策，大路佯攻，从小路进兵，但是指挥官覃桓获胜后得意忘形，而且适逢广东兵马到来，就下令合围敌寇。贼寇见南北两面官军直扑上来，形势紧急，拼死突围，不但逃脱了包围圈，还杀死了指挥官覃桓。

战败的将领们回来向王阳明请求调派广东的援军，等秋天再出兵。王阳明生气地呵斥："你们违背计策，战事失利，犯了失律重罪，不将功补过，还要退缩不前吗？！"众将领默不作声。

王阳明说："兵宜随时，变在呼吸。现在大军刚刚汇合，士兵们都有立功赎罪的心，气势正盛，利在速战！我们制定计谋，趁贼人不备，出其不意，必能成功！"

王阳明又讲了讲破敌的思路，增加将领们的信心："现在贼寇们一定紧密联合、布置好防御器械以抵御我师。应当向他们展示我们很懈怠，在搬救兵。这样贼寇们也会认为我们和以往的官兵剿匪一样在等待援军的到来，松懈下来。这时正是破敌的好机会！"听完之后，众将官觉得有破敌的希望，愿意领兵出击。

王阳明亲自率军驻扎，秘密派人散布消息：官府要犒军退师，等秋天再起兵。他还派遣一个叫曾崇秀的手下打探敌人的虚实。不久，消息传来，詹师富他们真的相信王阳明要撤兵，已经放松了警惕，在庆祝又一次抵抗胜利了。乘此机会，王阳明分兵三路，趁着夜色的掩护，直捣象湖山老巢。

詹师富还在睡梦中，突然，惊慌失措的手下大喊着跑来："不好啦，官兵来偷袭啦！"詹师富猛然惊醒，立马穿衣持刀，询问情况，并赶去象湖山的隘口。走在半路，小喽啰慌忙来报："隘口失守了！"詹师富大惊，带领剩余的手下们退到了上层的险峻峭壁，看着冲上来的官兵，手下的贼寇们推下滚木礌石，让官兵们无法靠近。詹师富大喊："这是我们最后的关卡，大家拼了命也要守住！"靠着滚木礌石，贼寇们从夜晚一直守到了中午。詹师富心想：“官兵们攻了这么久也攻不上来，应该要退兵了吧。”

突然，背后一阵喊杀声传来，一队官兵仿佛从天而降，气势震天。詹师富和手下的贼人们大惊失色，感觉已经根本无法抵挡，都吓得四处逃命。慌乱中，詹师富的手下黄猫狸等近三百名贼寇都被斩杀，百余人被俘虏。

这队奇兵从何而来？原来，他们是从先前探明的小路突袭上来的。王阳明借鉴邓艾率兵偷渡阴平的计策，派兵从隐蔽小路直达山顶，最终攻破贼巢。

詹师富逃到可塘洞山寨，据粮守险。王阳明军队兵分五路，连日攻打，最终生擒詹师富，擒获斩杀几百名贼寇。

得胜之后，王阳明意气风发，挥笔写就《回军上杭》：

山城经月驻旌戈，亦复幽寻到薜萝。
南国已忻回甲马，东田初喜出农蓑。
溪云晓度千峰雨，江涨新生两岸波。
暮倚七星瞻北极，绝怜苍翠晚来多。

王阳明在汀州府上杭县（今福建上杭）短暂驻军后返回江西。为了避免贼寇再次聚集，他上奏朝廷设立了平和县（今福建漳州平和县）以维持安定。

◆《回军上杭》· 明 · 王阳明

连破二寇

剿灭了大帽山的匪寇，王阳明没有太多休整的时间，因为有敌寇先出手了——以谢志珊为首的匪寇在攻打南康县城（今江西赣州南康区）。

谢志珊，自号“征南王”，他善于结交，纠集了桶冈的钟明贵、广东的高快马等贼寇，共同制造、打磨武器，特别是制造了巨大的攻城战车——吕公车。相传此车是吕公姜子牙发明的，实际上最早成型仅能追溯到宋代。虽有些名不副实，但吕公车却是个庞然大物。车高数丈，长数十丈，车内分上下五层，每层有梯子可供上下，车中可载几百名武士，配有机弩毒矢、枪戟刀矛等兵器和破坏城墙设施的器械。

南康县城，匪临城下，巨大的吕公车从远处缓缓地逼近城墙。守城的兵士们非常吃惊，山里的匪寇竟然还有这样的攻城重器，内心不由得一阵阵恐慌。士兵们用箭射向那庞然大物，但只有少数几箭能射中里面的敌人。

离城墙越近，推车的匪寇愈发用力，“巨兽”的速度就快了几分。最终“巨兽”撞向了城墙，匪寇从车的顶层跃下，与守城士兵短兵相接。同时，城门后面的士兵也在用力抵住攻击，因为吕公车下层匪寇在用撞木冲击城墙。

南康城告急！

王阳明接报后，快马急令南安知府急救南康，与南康县丞舒富共同解围。舒富是位能官，指挥军民奋勇护城。谢志珊匪众逼城七日都没能攻占南康城。第八天，舒富带兵与援军发起反攻，击败了谢志珊，将他赶回了深山之中。

这次南康被围让王阳明意识到，江西境内的横水、左溪、桶冈的匪患亟待清剿，出没于横水、左溪的巨寇谢志珊要首先去除。

此前，七月，朝廷增授王阳明南安、赣州、汀州、漳州提督军务，给予兵符、旗帜，命他便宜行事，授予他更大的指挥权。得益于此，王阳明集合江西、湖广、广东三省联兵进攻横水、左溪，派许清率兵千人从南康县的所溪进兵，邢珣率兵千人从上犹县石人坑进兵，舒富率兵从上犹县金坑进兵，官军从各路汇集到横水、左溪。十月十日，王阳明亲率千名官兵从南康进兵屯扎至南坪，与诸军汇合，派遣杨章、黄宏带人往来补给粮饷物资。

官兵的大动作惊动了谢志珊。王阳明派出的探子来报，各贼巢隘口已经安排好滚木礌石，埋伏据守。知道谢志珊已经做好了准备，王阳明想好了对策，要迷惑判断，扰乱军心，再攻其不备。于是他下令在距离贼巢三十里的地方伐木立栏，挖掘战壕，让敌人认定大军会长久屯扎。

而就在当夜，王阳明选派军官雷济、义民萧庾，分率乡兵及善于砍伐树枝和攀爬山路者共四百人，带着旗帜、火药、军刀、钩子、镰刀等器具，从隐秘的山间险道攀援崖壁而上，在远近山头埋伏好。

十二日清晨，官兵对敌人的险隘据点发起进攻，贼寇们早已严阵以待。突然，贼寇们听到背后的山上鸣声如雷，有贼人惊叫："不好啦，大本营被占领啦！"众贼回头一看，只见烟焰四起，军旗林立。群贼惊慌失措，乱了阵脚，只顾四散逃命去了。谢志珊喝令大家稳住，可无济于事，大势已去。这时，在隘口的军队乘机强攻，铳、箭齐发，占领了隘口。

原来是昨夜埋伏的乡兵等人在后方山头上放炮放火，让敌人误以为自己的大后方已经被官兵攻陷，让贼寇们乱了军心。官兵则乘胜追击，大败贼寇，生擒了谢志珊。

谢志珊被五花大绑押送到王阳明面前，王阳明问："你为何能招募到如此多的同党？"

谢志珊说："这也不容易。"

王阳明问："这话怎么说？"

谢志珊解疑道："我平生只要见到好汉，断不会轻易放过，经常找他们吃饭喝酒，在他们有困难的时候帮助他们，等到关系特别要好后，就给他们吐露自己想要招募他们的真实想法，无不成功。"

王阳明私下跟学生感叹道："我们儒者一生

追求志同道合的朋友，难道不也是这么做的吗？”

当然，儒者的志向是修身、齐家、治国、平天下，匪寇大多贪图一己私利。一个为公，一个为私，这是根本的差别。

谢志珊的很多手下跑到了桶冈巨寇蓝天凤那里。蓝天凤和谢志珊本是同县百姓，一起落草，后分立山头。如今谢志珊被俘，蓝天凤也感到了危险，他连忙加派人手打探官兵的动向。

各营官兵此时正摩拳擦掌，请求进攻桶冈，然而，得到王阳明的将令却是——按兵不动。

众将不解，不久，王阳明召开会议。“桶冈乃天险之地，贼巢只有锁匙龙、葫芦洞、茶坑、十八垒、新地五处地方可入，且须架梯爬上，易守难攻。”王阳明说道，“桶冈地产旱谷、薯芋，能自给自足，不怕围困。官兵曾围困数月无果。因此，我们只能智取，不能硬攻。”

撼山难，但撼心易。王阳明派去了三名被俘投诚的贼人撼动桶冈贼寇们的心。这三人来到蓝天凤和众位贼寇的面前，告诉他们官军将在十一月初一的早晨在锁匙龙受降。三个人还将王阳明及手下将领的机智威武、仁爱正义夸耀了一番。三个人的一席话，果然瓦解了桶冈匪寇的士气。一部分贼人认为，只要保证安全，可以投降。其他贼寇坚持不降，双方吵闹起来。蓝天凤自己的内心都有几分动摇。吵闹争辩的过程中，桶冈的守卫逐渐松懈下来。

三十日夜晚，王阳明调度军队，派遣五路人马冒雨行军，分别埋伏在桶冈的五个入口处。

第二天一早，前夜的大雨未停，蓝天凤尚在主持会议，头目们还在为是否投降的问题僵持不下。突然间杀声四起，手下慌忙来报：“各处入口已被官兵攻破，官兵杀进来了！”蓝天凤和众头目大吃一惊，匆忙退到内圈绝壁之处，隔水为阵进行抵御。邢珣派兵渡水正面进攻，张戬从右方出击，伍文定从右方悬崖攀援行进，不多时，贼寇们就支撑不住，朝出口十八垒逃去。结果，被等候已久的唐淳部队迎头痛击。

大战过后，擒斩蓝天凤及头目三十余人，杀贼一千余人，俘获两千余人。

经历了这样一场艰难的战斗，王阳明深刻认识到桶冈的易守难攻。他亲自上山下谷考察桶冈地形，在险要处设置关卡，派兵把守，又命令几百名士兵修筑栈道，在必要的地段凿山开道。打通道路，以斩断贼寇再次凭险而据的机会。他还上奏朝廷设立了崇义县（今江西赣州崇义县），便于维持治安，教化百姓。

十二月九日，王阳明班师回赣州。路过南康的时候，百姓沿途拜迎。王阳明所经过的州县，多为这位荡寇英雄建立生祠堂，偏远乡村的百姓则将他的画像供上祖宗祠堂。

招降与诈降

接连不断传来匪寇们被剿灭的消息，号称“金龙霸王”的池仲容开始不安起来。

池仲容审视自己的势力，自己封了弟弟池仲安和池仲宁、高飞甲等六大“元帅”，设了四十多个“总兵”“都督”“将军”，各自带兵数百人，分别据守三十八个山寨，总人马过万人。大寨所在的浰头毗邻江西，地处南岭九连山的腹地，山高坡陡，易守难攻。

“以往官府精兵都很容易对付。调一拨兵来，调发时间也需要半年；即使调来了，我有意避让他们，只消得一个月自然兵退。”池仲容心想，“王阳明也不例外。而且弟弟池仲安在王阳明身边，有什么事情立马能得知，可以早做准备。”

池仲安为什么会在王阳明身边？这还得从王阳明招降匪寇说起。

那时是正德十二年（1517），王阳明在击败詹师富、与谢志珊交手之前，发布《告谕浰头巢贼》一文，劝诫浰头一带的匪寇弃恶从善，缴械投降。在龙川自立山头的卢珂带着手下请降。

在浰头，贼将黄金巢看到这篇告谕书，心中感慨万千。他想起最初池仲容还是个普通农民，与父亲、弟弟一起给地主务农。那一年赶

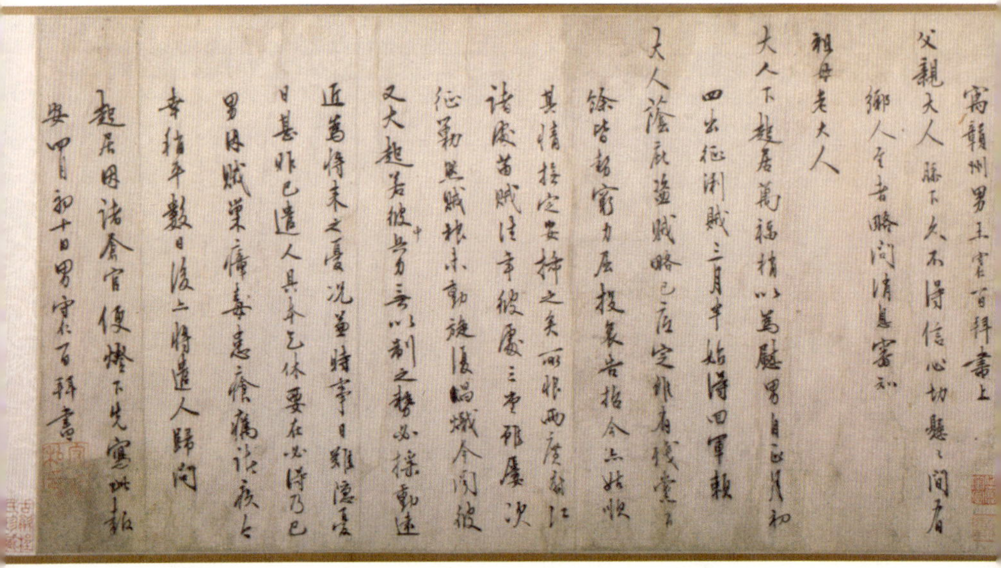

◆《寓赣州上海日翁手札》·明·王阳明

这是王阳明剿灭匪寇时写给父亲的家书，给家人报去了平安。

上灾荒，收成不好，结果交不上租，凶恶的地主把池仲容的父亲抓了起来。一筹莫展的池家兄弟又碰到两个县府的官吏来征粮征税，见百姓没钱，竟然破门而入，翻箱倒柜，胡作非为，并逼迫一批农民将强征暴敛来的粮食挑往县城。池仲容怒火中烧，和数十个贫苦农民一起于半路埋伏，杀死两名恶吏，把粮食分给百姓，又从地主手中救回父亲，从此在浰头落草，饱受地主和官府欺凌的农民们纷纷追随。

池仲容带着大家围攻龙川、龙南、翁源、信丰等县城，擒绑了龙南县的县令、捕杀了信丰所的千户统领，打着“杀富救贫”的旗号，将大地主的金银珠宝、土地粮食分给穷苦农民。那时候，大家觉得当土匪可以论秤分金银，大口喝酒、大块吃肉，不怕官府、地主的欺凌，因此越来越多的百姓落草为寇，池仲容的势力扩至万人。朝廷曾两次调动二三万官兵前来围剿，都失败而归。

但是，时日渐长，山寨杀人放火、强抢民女、恣意劫掠等恶行不断发生，池仲容也不再是当初那个为贫苦百姓做主的农民领袖，而成了只想着自己称王称霸，只想着满足自己贪心私欲的贼寇首领。不去正心修身，也没有外在约束，昔日的英雄堕落为自私、专横的匪寇。

黄金巢也想过离开土匪山寨，但是自己为寇多年，已是罪不容诛，难以回头，现在有机会被招安，而且王阳明也是有名的儒者，清正廉洁且有将帅之才，向他归降也心服口服。心意已决，黄金巢就率领愿意归降的手下投奔王阳明，并愿以死报效朝廷。

得知此事，池仲容召集众手下，说："我等做贼已非一年，官府来招降也不止一次，可哪一次是真的？等看到黄金巢他们平安无事，我们再投降也不迟。"

黄金巢率众来降，王阳明非常高兴，赦免了他们的罪过，以礼相待，给予赏赐，并和他们推心置腹地交谈。有五百余人愿意为朝廷效力，黄金巢带着他们跟随王阳明征讨贼寇。

黄金巢，还有龙川贼卢珂都平安无事，但池仲容并未投降。

不久，王阳明击败谢志珊，攻破了横水。听到这个消息，池仲容有了些害怕。他料定王阳明一旦清扫完其他地方，必然会出师浰头。于是，池仲容派他的弟弟池仲安代表他归降王阳明。自此，浰头贼寇名义上已被王阳明招安。

王阳明得知池仲容归降，非常高兴，但是当他看到池仲安只带着老弱土匪二百多人前来，他就明白了情况。

王阳明要擒蓝天凤，池仲安请求带着这帮老弱随军出征，王阳明答应了他的请求。蓝天凤的桶冈天险有五处入口，蓝天凤最不可能经过的地方是新地，王阳明把较弱的军队部署在这里。他把池仲安也派到新地，让他看不到主力军队的作战情况，同时表面推心置腹、诚意相待，私下派人严格监视，防止他们给池仲容通风报信，甚至里应外合发动叛乱。

周围乡县有人对池仲容一群贼寇非常了解，王阳明暗中找来数十人密谈，询问破敌之策。这些人一致认为，浰头的贼寇极其狡猾凶悍，远胜于其他地方。此前官府两次大举剿匪，出动了两三万精兵，都奈何不了池仲容。这帮贼寇也知道自己罪大恶极，国法难容，因此绝对不会真心实意地投降。

听到这番分析过后，王阳明更加认识到，要剿灭浰头的匪寇，目前的兵力还不足以取胜，但是调兵时日太久，而且贼寇会早做准备。兵无常势，水无常形，要因敌变化而制胜。王阳明开始思考击败池仲容的计策。

十一月时候，王阳明破桶冈，已经“归降”的池仲容加紧修整武备，聚集党徒，为防御做准备。王阳明派人到浰头各贼巢，赐予酒肉，以慰问“归降”之民。贼人发现自己正在备战的情况没有办法隐瞒，就声称龙川的卢珂将要袭击他们，所以才如此紧密布防。

王阳明假装听信浰头贼首的话，故意怒斥卢珂等人想擅自动兵、挑起仇杀，要移师龙川治罪。于是命令官兵伐木开道，要取道浰头，征讨龙川。

池仲容等人听到要从浰头取道，他们又喜又惧。喜的是，他们可以借官府的手除去卢珂，因为卢珂从来不合作，两拨人马还结下过梁子。但又惧怕官兵在取道浰头之时，突然进攻他们，打他们个措手不及。因此，池仲容派人告诉王阳明，不劳烦官兵了，他们自己会全力进行防御的。

卢珂捎信给王阳明，说明了池仲容和手下们的动作，判断池仲容必反！

王阳明笑了，心想，他压根儿没有归顺我，何来“反”？他回信卢珂，咱们来演一场“苦肉计”，并让他来赣州城。

王阳明把赶来的卢珂叫到面前，破口大骂：“你这毛贼，池仲容已经归降，还派弟弟领兵前来报效朝廷，忠心可鉴。你却诬陷他们谋反，分明是想借刀杀人，罪该当死。来人啊，把他拉下去，打三十大板，候期处斩！”

当时，池仲容的细作们在营地里，看见卢珂被打，心中欢喜，来到王阳明面前竞相哭诉，揭发卢珂的罪大恶极。

王阳明一听，故意在他们面前命人罗列出卢珂的罪状，还声称要逮捕卢珂的亲信同党一并处斩，同时，暗中放走卢珂的弟弟回龙川整军待命。

池仲容听说卢珂挨了打，还要被问斩，哈哈大笑，不过狡猾的他也在琢磨，王阳明到底想干嘛。

会面“金龙霸王”

十二月，王阳明下令：出征结束，士兵回家务农去。

他还张罗着让赣州城的百姓张灯结彩、齐奏鼓乐。一时间，赣州城一片歌舞升平的欢乐景象，这是数十年都未见过的胜景。

池仲容将信将疑，因为王阳明擅长使诈。

随后，弟弟池仲安带着一帮老弱回来了。池仲容听他详细讲述收押卢珂的前前后后，确信卢珂和他的亲信都要被处死，池仲容非常高兴，放松了一些警惕。

王阳明又派遣余恩、黄表来到浰头大寨，他们提醒池仲容，不要撤回防备，以防卢珂的同伙进攻。池仲容想着官府都在为自己的安全

着想，更加开心。

余恩还带来一件颇有象征意义的礼物——新年历书。历书上记载着日期、标注着节气和吉凶推卜。在明朝，颁历是一项礼仪，皇帝将历书颁给群臣，招安者将历书颁给归降者。颁历是招安者对归降者的示好，表示接受归降，同时，按照礼节，需要归降者答谢回礼，而且是亲自前来。

池仲容接受了历书，黄表见他没有表示，就对池仲容说："你真是礼节生疏，我们来颁历，你怎么不亲自给阳明先生回礼呢？而且现在卢珂在狱中整日哀诉他冤枉，并在说你很多坏话，乞求官府也把你抓起来并严加审问，待你说了实话，自然就能洗刷你的清白。如果你当着阳明先生的面控诉卢珂的罪状，那么官府必将更加信任你，而痛恨卢珂的奸诈，到时候，卢珂可就必死无疑了。"

◆《清明上河图》（局部）·明·仇英

仇英模仿张择端细致描绘了江南城市的景象。张灯结彩的赣州城热闹当更胜于此。

池仲容想了想，对手下说：“不入虎穴，焉得虎子。他赣州官府耍什么伎俩，那就让我亲自去识破。”于是，他选定其麾下九十三人，前往赣州城。

王阳明接到池仲容离开老巢的消息，立即派遣孟俊带兵到龙川，配合卢珂弟弟为进攻浰头做准备。但有一个难题是，要去龙川，就必须经过浰头。为了避免打草惊蛇，王阳明给了孟俊一个军牌，以通报和拘捕卢珂亲信、搜集罪状的名义前往。浰头各贼并未怀疑，高兴地送孟俊通过。孟俊到了龙川后虚张声势地审问卢珂的弟弟。众贼听闻，就更加放松了警惕。

十二月二十三日，池仲容等人到了赣州城，见到各营的官兵都已经被遣散回家，而城里张灯结彩，百姓欢喜游乐，相信了官府是真的结束了剿匪。

他又贿赂狱卒，偷偷去看卢珂，见卢珂果然被关在牢里。于是更加高兴，派人回浰头告诉手下说：“我们的计策果然是成功了！”但池仲容怎么也没料到，王阳明在夜里释放了卢珂，让他趁着夜色飞驰回龙川指挥备战。

终于，王阳明和池仲容会面了。

两个人都在互相了解对方。王阳明特意请老师教授池仲容和手下礼仪，经过几天来的接触和审视，发现“金龙霸王”真的是贪婪残暴，难以教化。同时，百姓得知池仲容在城里，都在谈论王阳明为什么不杀了他，还留着这个祸患，颇有怨言。最终，王阳明下定了决心。

池仲容向王阳明请辞，王阳明说：“从这里到浰头要八九天，现在回去，过年也到不了家，就算到了紧接着就得走亲访友，太累啦。赣州城过年有灯会，不如正月再回。”池仲容就又待了几日。

新年夜赏了灯，池仲容又来请辞，王阳明说：“还没有犒劳大家呢，宴会完毕，再走也不迟。”于是，筹备初三举办大宴。

年初三的宴席之上，池仲容和手下正在享用美酒佳肴。突然，周围涌出一群手执利刃的兵士。搏斗中，池仲容和手下悉数被杀。

王阳明叹息池仲容终究没能被教化，吃不下饭，眩晕呕吐。

与此同时，王阳明这几日的拖延也是在等待各路解甲归田的兵士就位，以及让卢珂有时间赶回龙川，指挥手下。王阳明派人快马加鞭通知各路士兵，约定初七同时进攻浰头贼巢。姚玺带兵走龙川乌虎镇，孟俊率兵走龙川平地水，余恩领兵走龙南高沙保……各路直赴大巢，在浰头汇合。

之前收到池仲容的通知，浰头各寨的贼寇们早已放松了警惕。猛然间，官兵杀到，群贼惊慌失措，据点很快被攻破，官兵迅速接近了老巢。老巢的精锐千余人凭据险要之处，设下埋伏，在龙子岭迎战官军。

官兵变换方队，分为三组并冲，形成掎角之势前行。余恩部队的领兵长王受率部与敌人最先交锋，交战不久贼人就败逃了。王受奋力追击，结果掉入了敌人的埋伏圈，贼寇四起，冲向王受部队。见情势危急，后方的士官叶芳带领士兵突入，从背后向伏击王受的贼寇发动进攻。同时，孟俊也带领军士从旁边绕出山冈背面，攻打埋击的贼寇，解救了王受。

最终，敌贼溃逃，官兵乘胜追击，终于攻克了浰头老巢，并接连攻破了数个据点，斩杀敌人两千多名。

余贼窜逃到九连山高处据守，坡陡难以进攻。官兵中选出七百人穿上贼人的衣服，奔到山崖下，贼人以为是同伙，接入山上。随后官军进攻，里应外合，剿灭了余贼。最后，头目张仲全带领二百余人归降，他们被安排在白沙这个地方生活。

为了巩固浰头地区的长治久安，王阳明向朝廷请求在此地设立和平县（今广东河源和平县），得到了批准。

从正德十二年（1517）二月起平定汀漳的贼寇，至正德十三年（1518）三月清剿浰头完毕，王阳明用了一年多的时间成就了荡寇南赣的功业，给四省人民带来了安定的生活环境。

正德十三年（1518）六月，四十七岁的王阳明被朝廷擢升为都察院右副都御史，荫子锦衣卫，世袭百户。王阳明上疏辞免，没有得到允许。

王阳明并不以荡寇功绩为傲，他不喜欢杀戮，杀贼实在是不得已而为之。在击败蓝天凤时，看着桶冈漫山遍野的尸体，王阳明不由得心头流泪，他后来对弟子说："如果我再等等，蓝天凤可能会出来投降，也就不必死那么多人了。"

破心中贼

匪患已经被消灭了，但是，王阳明在不断地思考，为什么会有那么多平民百姓落草为寇？如果是不堪忍受以往官府和地主的欺压，那么做土匪杀人放火、为害一方，就是解决之道吗？如何叫人明了处理矛盾的正确方法呢？

王阳明感慨："破山中贼易，破心中贼难。"

要引导百姓破除心贼，进而端正民风。如果每个人都能正心修身、破除心贼，能领悟并践行圣人的教诲，那么矛盾就能得到和平而有效的处理。未来，社会"盗窃乱贼而不作"，百姓"外户而不闭"，天下方能大同。

因此，王阳明开始移风易俗。他从行为举止等简单礼节入手，教导民众。他召集江西各县的子弟师，相互诫勉，设立社学，教授诗书礼乐。他还通过奖赏和处罚的方式引导百姓遵守礼仪。久而久之，百姓互相恭敬礼让，风气为之一新。

王阳明在赣州城中的虔台讲学。他所讲的圣贤智慧就如同蜜糖，吸引来了四方学子如蜜蜂般前来采蜜。门人薛侃、欧阳德、何廷仁等数十人，经常讨论学问太过兴奋，久久不散。后来，看见学生日多，王阳明修复了濂溪书院，在此讲学。

正德十三年（1518），王阳明最早的弟子之一，爱徒兼妹夫徐爱逝世。王阳明听说后，悲痛至极。他回想起，徐爱说他做过一个梦，梦见一个和尚对他说：“你与颜回有着同样的品德，你也将与颜回同寿。”事实上，颜回四十一岁离世，徐爱仅活到了三十二岁。

徐爱自龙场讲学起就开始陆续记录下王阳明论学的讲话，并取“传不习乎”一语，准备以《传习录》为名出版。他离世后，王阳明嘱咐薛侃增收徐爱与陆澄的记录，将《传习录》付梓，完成徐爱的遗愿。

王阳明在这一时期，刻印其著作《朱子晚年定论》，作《修道说》来阐发《中庸》的主旨，又将古本《大学》《中庸》《太极图说》等刻于郁孤山上，使游览山川者能有机会感受圣贤高明的境界和旷远的志向。

在赣州，王阳明首次阐明了致良知之说。这时他的想法在给顾东桥的书信中有所阐述。王阳明指出，看见小孩子落入井中，必定产生恻隐之心，那么恻隐的道理是在孩子身上，还是在我心中的良知上呢？我所说的格物致知，就是通过事事物物来感受我心中的良知。良知就是朱熹所说的天理。朱熹说“事事物物皆有定理”，他从外在的事事物物中穷究天理，实际上，在事事物物之上致良知才能明理。

◆《王阳明先生真像》·清·焦秉贞

明穆宗赞曰："两肩正气，一代伟人，具拨乱反正之才，展救世安民之略。"

第六章　平定逆藩

◎宁王的狼子野心和狠辣手段

◎忠臣死节

◎阳明的攻心妙计

◎大火焚船，浮尸满江

◎宁王已擒，仍御驾亲征

◎当良知遇上诡计

宁王的狼子野心和狠辣手段

平息匪患之后，王阳明在承担都察院右副都御史工作的同时，用闲暇时间聚徒讲学。没想到的是，很快，一股直指皇位的政治风暴将他卷入其中。这场风暴，就是明代中期著名的“宸濠之乱”。

朱宸濠是朱元璋的第十七子朱权的玄孙，朱元璋的五世孙。朱宸濠在他的父亲朱觐钧死后，继承了“宁王”的封号及封地，封地在江西南昌。

据传闻，朱宸濠的母亲是一个地位低下的人。在他出生时，父亲朱觐钧半夜梦见一条巨蟒跑到他的王宫里来吃人，清晨又突然有鸱鸮（猫头鹰）鸣叫。蟒蛇和鸱鸮，在中国古人的观念里，都代表大凶，因此，朱宸濠出生后，他的父亲不太喜欢他。

朱宸濠成年后，举止轻佻，完全没有作为皇室王爷的威仪感，但是却善于假装自己是个礼贤下士的人。自然，他身边聚集了许多奸佞，如术士李自然、李日芳就妄言赞叹他外表与常人不同，而南昌城东南方有天子紫气。不待明言，这就是暗示朱宸濠今后会做皇帝。这些话，朱宸濠很爱听，于是在城东南建了阳春书院，但是他私底下却称呼这个书院为“离宫”，这是僭越名号的行为，可见他早就包藏祸心了。

朱宸濠还时时议论朝廷里的事情，听到别人说武宗的坏话他就高兴，听到武宗的好话就立马垮下脸来。

天顺年间，当时的宁王、朱宸濠的爷爷朱奠培犯了法，被降为南昌左卫，宁王府的军队被削减。等到朱宸濠世袭为宁王后，为解除王府的限制，就派人送了二万两金银贿赂当时权倾一时的大宦官刘瑾，顺利地将南昌左卫改回了护卫。但是好景不长，等到刘瑾伏诛后，兵部又奏请，革除了宁王的护卫，仍旧为南昌左卫。

一个叫陆完的大臣当上了江西按察使，受到朱宸濠的器重。朱宸濠对陆完百般拉拢，并对他说："陆先生，他日你必定能做到公卿的位置。"陆完就一心依附于他。

后来，陆完当上了兵部尚书。朱宸濠特别高兴，说："陆完现在当上了兵部尚书，那我的护卫之权便可以重新获得了。"陆完进入兵部后，与朱宸濠保持着密切的联系。朱宸濠写信给陆完表示想要恢复护卫，陆完说还须等待。

当时有个伶人叫臧贤，是宠臣钱宁引荐给武宗的，随后被武宗宠爱，很多人都来巴结他。臧贤有亲戚在南昌卫军中任职，朱宸濠借此与臧贤搭上关系。朱宸濠派人送了一车的金银珠宝到臧贤家，珠宝不全是给臧贤的，大部分珠宝托臧贤转送给朝廷各部门的要员，主要目的是为了恢复王府护卫。

文渊阁大学士、辅政大臣费宏知道了这件事，说："现在宁王用金银珠宝想要恢复护卫，如果任由他为所欲为，那么江西就惨了。"陆完知道费宏一定会阻止，因此决定绕过他并排挤他，密约杨廷和等大臣出文件同意宁王府恢复护卫之事，并弹劾费宏以权谋私，把弟弟费寀安排进翰林院任职，以此逼迫费宏辞职。

费宏引咎辞职后返乡，行舟至清源，朱宸濠暗中派人潜入他的船中纵火，等到这些人看见船只燃烧沉入水中后，才回禀朱宸濠。不过，幸亏费宏早早就逃离了火船。

心狠手辣的朱宸濠得知费宏没有死，又找了一群地痞流氓烧了费宏的家，并毁坏费家祖坟，还绑架了费宏的兄弟，杀死了他的兄长。后来，这帮地痞流氓被官府逮捕剿灭，费宏才逃脱了毒手。之后，宁王起兵谋反，费宏给王阳明送去了军事情报和部署意见，还积极协助调集军队。

正德九年（1514），朝廷还是恢复了朱宸濠的护卫和屯田权力。他更加肆无忌惮，对内自称“国主”，改称“护卫”为“侍卫”，以皇帝卫队的名称直接命名；发布命令时，改王爷的“令旨”为皇帝的“圣旨”。他还命令江西的巡抚们穿着朝服来面见他。

除此之外，他还招揽了江西贼寇杨清、李甫、王儒等百余人入王府，号为“把势”（含义类似庄客），对他们不加约束，反而放纵他们对百姓肆意掳掠。随后，他又招揽凌十一、闵廿四等五百多个亡命之徒，这群匪寇劫掠官府和老百姓的财物，胆大包天，无恶不作。同时，朱宸濠还拉拢谢志珊等南赣地区的土匪，邀他们日后一起举事。

朱宸濠暗中筹备军需，制造军械。他让人前往广东，购买皮毛帐布，制作铠甲，私铸刀枪、铳枪等兵器。

朱宸濠擅自杀害朝廷官员。除了暗杀大学士费宏、杀死费宏的兄长外，还槌杀了因事惹怒他的都指挥使戴宣。自己府内的官员阎顺、陈宜、刘良将朱宸濠的不法之事上奏朝廷，朱宸濠就贿赂钱宁去歪曲事实，反而将阎顺等人发配充军。他怀疑背后谋划背叛自己的是手下周仪，竟残忍杀害周家人六十多口！并拦截消息，掩盖罪行。

朱宸濠招募了举人刘养正入府。刘养正在当地有些才名，学习过兵法。当初，朱宸濠请他入府讲论宋太祖陈桥兵变的历史。这刘养正并没有涵养自己的浩然正气，知道朱宸濠有不轨之心，反倒认为这是个难得的机会，阿谀奉承朱宸濠有拨乱之才，密约商议如何举事。

时任江西按察司副使胡世宁（当年与王阳明同场乡试的举子）上奏揭发宁王的罪状。当时朱宸濠谋反的迹象已经很明显了，但是慑于朱宸濠及其在朝廷的奸党同伙的权势，都不敢议论这事。胡世宁却愤怒上疏说："宁王自从恢复护卫以来，扰乱江西民生，钳制官员正常办公，江西的礼乐政令，渐渐都不是出自朝廷命令，而是出自宁王府。我现在害怕的是，现在江西的祸患怕不只是贼寇多这一件事。我请求陛下现在召集群臣商议，任命有威望、有才能的大臣担任江西提督、巡抚，给予权力，把危险消灭在萌芽之中。同时，也望陛下发布敕令，让各地王爷遵守祖训，不要干扰地方官员的工作。"这个奏疏呈上去之后，朱宸濠有些害怕，赶紧贿赂武宗的近臣来为自己辩解。

从此之后，胡世宁成了朱宸濠的眼中刺、肉中钉。朱宸濠遣人在他的饭菜里下毒，胡世宁吃饭后口吐鲜血，险些丧命，所幸救治及时，保住了一条性命。宁王一招不成，又出一招，摘取胡世宁的奏疏，断章取义，诽谤胡世宁离间皇室亲情，还贿赂执法的大臣，想要以危害国法的罪名逮捕胡世宁。

那时候，胡世宁升迁去福建，顺路回杭州老家探望。朱宸濠勾结巡浙御史潘鹏，要他把胡世宁逮到江西私自处死，简直是胡世宁不死，他绝不甘心。幸而当时一个叫李承勋的按察使将胡世宁藏匿了起来，让他改名换姓，从小路回到京城。

虽然逃过了暗杀，但是因为朱宸濠对他的诬陷，胡世宁被投入锦衣卫大牢。胡世宁在狱中三次上疏说："宁王的谋逆之心，朝野尽知，我的愚钝与忠心，天地可鉴。"在大牢里，受尽刑讯折磨的胡世宁，始终不肯承认"罪名"。

胡世宁在大牢的苦难日子快过了一年，钱宁、张雄等人因为收受了朱宸濠大量贿赂，所以威胁刑官一定要以诬告亲王的罪名判处他死刑。大理寺少卿胡瓒等许多正直大臣极力抗争，才让小人没能得逞，但胡世宁还是被贬谪到辽东潘阳卫戍边。

忠臣死节

王阳明在正德十二年（1517）正月去往赣州赴任，路过南昌，由于朱宸濠是王爷的缘故，出于礼仪到宁王府拜见。

当时王阳明参加朱宸濠的宴会，李士实在座，朱宸濠指责评点朝政，边说边叹着气。李士实试探性地问："当下，世间难道没有商汤王、周武王了吗？"汤、武都是明君，同时，汤讨伐桀建立商朝，武王伐纣建立周朝。李士实在明武宗的治下讨论改朝换代的君王，其用意可见一斑。

王阳明柔中带刚地回答："就算商汤王、周武王也要有伊尹、姜太公辅佐。"既讽刺李士实没有伊尹、姜子牙之才，更表明自己对犯上作乱的意图并不支持。

朱宸濠回应道："有商汤王、周武王，自然就会有伊尹、姜太公。"宁王用一句话，赤裸裸地显露谋逆之心。

王阳明语带机锋地说："如果有伊尹、姜太公，自然就会有伯夷、叔齐。"伯夷、叔齐是商朝孤竹国君的两个儿子，孤竹国君死时立叔齐继承王位，但是叔齐以伯夷为长兄的理由要将王位让给伯夷，而伯夷也因为孤竹国君遗命是弟弟叔齐继承，不受逃走，叔齐也没有继承王位而逃走了。二人在周武王发动灭商战争时，劝说过周武王不要伐纣。周朝建立后，伯夷、叔齐二人耻于吃周朝的粮食而逃入深山采薇而食，最后饿死于首阳山。王阳明这句话是在暗示，如果宁王作乱，自己和其他忠心耿耿的大臣们一定会坚决反对！

这场宴会后，王阳明确定了朱宸濠的谋逆之心。正德十三年（1518）十二月，宁王府致书王阳明，邀请他去讲学，王阳明派门生冀元亨前往宁王府。

冀元亨来到朱宸濠面前，讲述君臣大义，希望他能明白现在所做的事是奸邪之举，期望他能有所醒悟。同时他打探宁王府的动静，判断朱宸濠的反叛是迟是速，筹备到何种地步。毫无疑问，朱宸濠听不进君臣大义，他大笑嘲讽冀元亨："人的痴愚居然能到这种程度！"暗地里，他派遣手下四处搜集冀元亨的各种信息，想要找把柄构陷于他。

冀元亨写信告诉王阳明说："朱宸濠必定会谋反，先生您一定要早做准备。"王阳明打听到朱宸濠将对冀元亨不利的消息，秘密差人到南昌带着冀元亨从小路逃回老家常德，以躲避毒手。

王阳明听从了冀元亨的建议，上疏朝廷，争取到了更大的提督军务权力，为即将到来的腥风血雨早做准备。可惜手头证据不足，且宁王在朝廷内势力极大，拨乱是非，胡世宁被贬就是先例，不然直接上疏宁王密谋造反，或许会将这场叛乱扼杀于萌芽之中。

这时候，福建按察佥事周期雍刚好因为公事来到赣州。当时，整个江西官府遍布朱宸濠的党羽和细作，王阳明想到周期雍是突然到访的外省官员，不是朱宸濠所监视的对象，因此屏退左右仆人，与周期雍一起商议如何提早应对叛乱。

鄱阳湖地处江西，朱宸濠勾结了不少强盗，他们都水性精熟。对此，周期雍说："若要水战取得优势，就必须培养一批擅长水战的精兵，福建靠海，正好有这个便利。"于是，周期雍一回到福建，就暗中招募骁勇善战者，给他们装备铠甲利剑，抓紧训练，等候时机的到来。后来朱宸濠叛乱，王阳明早上刚发布讨逆檄文，傍晚远在福建的周期雍就发兵兼程而进，成为最早助战的援军。

至于宁王，上次宴会笼络王阳明没有成功，等到王阳明在赣州任职期间，朱宸濠专门派刘养正去拉拢王阳明。当时刘养正母亲去世，他当面去请王阳明写墓志铭。

刘养正如何游说王阳明，我们不得而知，但是时人记录了刘养正在返回的路上与门人的对话。他对门人王储叹气说："最开始我还想依仗王阳明，这几日试探了几次，但是他都故意装作不懂，也没一个肯定的词儿出口，他不会与我们合作的意思已经很明显了。此事应该就只能这样了，看来只有我一个人来担当宁王计划的重任了。"

王储迎合道："这等大事肯定还需要靠先生您，您还推辞什么呢？王阳明就是个可有可无的角色。"

刘养正回答："虽然话说重任是在我，但是多有几个人总算是好的，毕竟王阳明曾经学习演练过兵法。"

"先生您认为王阳明有军事才能？"一说到这儿，王储就笑开了，"我只见到了他的怯懦。"

刘养正想起了最近他听到和看到的王阳明为剿匪练兵的情景，

说：“也是。对付赣州那些小小贼寇，王阳明也要终日操练，就像是要去迎战多厉害的敌人呢。不知道摆这么大阵仗、花这么多力气干嘛。”两人嘲笑了王阳明一番，也就不把他放在心上了。

宁王府内，朱宸濠与他的谋士李士实、刘养正等人整日密谋如何篡权，还派遣亲信分布在通往京城的各水路要道，传报朝廷消息。

宁王在监视朝廷，却不曾想自己也被官员所监视。当时，孙燧（与王阳明、胡世宁同场乡试的举子）被朝廷任命为都察院右副都御史，巡抚江西。他看见朱宸濠的所作所为，知道将会有一场大变，于是整修装备、充实仓廪、备足粮草，并废除剥削黎民百姓的弊政，凝聚民心。孙燧时时侦查宁王府的情况，抓捕了朱宸濠的贼首党羽吴十三等人，关押在南康府监狱。朱宸濠害怕密谋泄露，暗中命令匪寇攻打监狱，将贼首们抢了回来。孙燧还请求加派重兵把守鄱阳湖的要冲——江西九江，并请求授予他湖东道的兵权，但是被武宗身边的奸佞阻止，驳回了请求。

孙燧的举动引起了朱宸濠的警觉，他立马写信给兵部尚书陆完说：“赶紧把孙燧调走，换成梁辰、汤沐，换成王守仁也可以，但是不要用吴廷举。”孙燧也前后七次上疏，奏报朱宸濠谋逆，眼见没有效果，就打报告辞官，但是却没有得到朝廷批准，他只好继续在江西任职。

这段时期，朱宸濠祭祀去世的父亲，矫情饰礼，做足了表面的礼节。朱宸濠让钱宁联络一些官员一起向皇上请求表扬他的孝行。钱宁上疏给武宗说起此事，武宗惊讶地说：“宁王这么表现自己的贤孝是为了什么？又将我置于何地？”

与钱宁有矛盾的张忠乘机向武宗密言："钱宁、臧贤与宁王勾结在一起图谋不轨，陛下难道您不知道？他们在您面前称赞宁王孝顺，那就是在讽刺陛下您不孝顺啊！他们还夸宁王早朝准时，这就是在讥讽陛下您不上朝啊！"说得武宗越听越生气。

与此同时，御史萧淮上奏说："宁王不遵祖训，包藏祸心，招纳亡命之徒，在西山养了上万匹战马，又在南康私自造船千艘。肆掠江西，荼毒他省，且其党羽往来北京密切。他的幕僚李士实等人昼夜密谋。如果不早控制，后患无穷啊！"

张锐、杨廷和二人早先依附于朱宸濠，现在张锐知道宁王有谋反迹象，且武宗也听进去了张忠的密言，杨廷和也害怕祸及自己。因此在廷议上，他们都主张剥夺宁王的护卫之权。

武宗派遣太监赖义、驸马都尉崔元、都御史颜颐寿前往江西革除宁王的护卫，并要求遣散手下贼党。

钱宁听到皇上派人去了南昌后很害怕，抓住朱宸濠遣送到他那里的两个人，下锦衣卫狱，又将罪过归咎于臧贤。臧贤被贬戍边路上，钱宁派人将其杀害，锦衣卫监狱的两个人也被灭口。

赖义、崔元、颜颐寿刚出京城的路上，朱宸濠遍布在各要道上的探子就收到了消息。当时盛传这三人是作为特使去南昌擒拿宁王的。探子林华相信了这个谣言，日夜兼程，赶回宁王府奏报。

宁王接到急报后先是吃惊，继而是极度的恐惧，连忙召集刘养正等人紧急谋划。刘养正说："明天正好是宁王您的生日，邀请了江西大小官员前来赴宴。可乘着这个时机控制他们，服从于您的招至麾下，不服从您的直接杀掉，这样就能聚集远近的兵力和物力举事。”于是，就在当夜召集了凌十一、吴十三等贼寇，带上兵器在宁王府宴会场地周围埋伏起来。

第二天是正德十四年（1519）六月十四日。清晨，江西的官员们陆续来到宁王府赴宴。毕竟朱宸濠还是亲王，所以孙燧等人也都到了场。贺寿的仪式刚完，数百个带甲露刃的贼兵从四面一拥而上，控制了还没来得及反应的官员们。

朱宸濠站到露台上，大声宣告：“当今皇上并非孝宗的亲儿子，而且失德。太后有密旨，命令我起兵入朝监国，你们知道这个事情吗？”官员们相顾愕然。

孙燧毅然站出来质问：“那密旨何在？！”

朱宸濠自然拿不出来，就直截了当地说：“不必多言，我现在要进发去南京，你给不给我保驾？”

孙燧愤慨地张目直视朱宸濠，厉声道：“天无二日，我怎么可能有两个君主！太祖有祖训在，谁敢违背？”

朱宸濠大怒，命人用绳索绑住孙燧。众官员脸色都变了。

“孙都御史乃是朝廷大臣，你是反贼，敢擅自杀害大臣吗？！”又一位正气凛然的臣子站了出来，是按察司副使许逵。

说完这句，他回头看了看孙燧，叹气道：“我之前就和你商议过是否要先发制人，你当时没有听从，现在受制于人，还能说什么呢？”

朱宸濠命人把许逵也绑了起来，问他从不从。许逵正言：“我只有一片赤诚之心，怎么可能跟着你谋反？”

贼兵打断孙燧的手臂，将孙燧和许逵二人拖拽出去，在惠民门外残忍地杀死了他们。许逵临死前还在厉骂朱宸濠：“今天你这反贼杀我，明日朝廷必杀你！”

传闻那一天，本来晴空朗日，但两位有气节的大臣被杀掉的时候，天空顿时阴翳惨淡。南昌城中的百姓听闻这个消息，无不悲痛流涕。

不与朱宸濠合作的王金、马思聪、金山、胡濂、陈杲、黄宏等十来位官员被关入监狱。马思聪、黄宏绝食而死。

其他没有抵抗的官员，被朱宸濠胁迫写下文书，让他们各自管辖地区的官兵缴械归顺。宁王又强行召来在江西的宗室及剩余没来的官员，劝说道：“今举大事，你们一定要尽心协助我。等我打下天下后，必定给你们加官晋爵。”有些谄媚依附者便高呼“万岁”。

朱宸濠封李士实、刘养正为左右丞相，参政王纶为兵部尚书总督军务大元帅，还封了一大批伪官；收缴大小宗室、官员的印信，分配给王春、娄伯等逆党，前往各地接收仓库、钱粮、士兵等，要将大部分江西连成一片掌控区域，以增强实力，壮大声势。

十五日，被朱宸濠授予指挥官职位的凌十一、吴十三、杨清等贼寇，与逆党一起进攻九江、南康。朱宸濠通知同党、浙江镇守太监毕真起兵，派李世英、李蕃去瑞州拉拢各贼寨，命王春、娄伯等各自前往丰城、广信等地募兵。

十六日，南康县知府陈霖、同知张禄逃走，南康沦陷；十七日，九江知府江颖、兵备副史曹雷等弃城而逃，九江失守。

阳明的攻心妙计

孙燧和许逵在宁王的生日宴上惨遭杀害，所幸王阳明不在生日宴上。他去哪儿了呢？这是一个机缘巧合，也是明朝的幸运。原来，因为福建有军士作乱，王阳明于正德十四年（1519）六月九日就被朝廷派遣前往福建巡视。

王阳明由水路经过吉安，本来就打算途经南昌，恰好朱宸濠也遣人来迎接他。十五日抵达丰城县境内的时候，丰城知县顾佖秘密告知，详细说了宁王已经在南昌造反的情况，让他不要去南昌。

王阳明思量自己现在公差在外，没有军队，根本无法与宁王抗衡，而召集兵力又需要花一定的时间，所以急忙返舟吉安。不凑巧的是，当时东南季风刮得特别厉害，从丰城到吉安又是由北向南，刚好与风向相反，因此船的前行速度极慢。朱宸濠也派兵追杀王阳明。危急之下，王阳明向上天哭诉道："上天若是哀悯生灵，就请允许我来匡扶社稷，让风向改变；如果上天你无视苍生，那么我今日也就没有生还的希望了。"过了片刻，风渐渐停止了。

当时，王阳明的夫人诸氏和过继来的儿子王正宪与王阳明同行，夫人非常识大体，提剑对他说："你快走，不要为我们母子担忧。万一贼兵真追来，我以此物自卫。”她催促着王阳明改变行装，换小舟潜行。

当夜，王阳明乘舟到达临江府（下辖今江西新干等地），知府戴德孺大喜，留他入城调度。戴德孺也建议王阳明赶去吉安，因为临江府处于大江边上，与南昌相通，是道路的要冲，要筹谋反攻的话，还是吉安稳妥。戴知府也是善于兵谋的人，给王阳明分析道：“朱宸濠的叛变，上策是乘着现在得势直驱北京，出其不意，那江山社稷就危险了；中策是攻陷、盘踞南京，那么江南各省都会被荼毒；若他只是占据江西省城不前，那勤王之事就容易了。”

在王阳明乘坐小舟去吉安的路上，他与部下雷济、萧禹汇合。他们在舟中分析形势，其结论与戴德孺相同：如果朱宸濠直取南京后随即北上北京，两京都仓促没有防备，非常危险。因此当务之急就是要拖延时间，只要能让叛贼晚半个月进攻南京，那么就能为各地聚集兵力争取到宝贵时间。

于是，王阳明着手布下迷阵，拖住朱宸濠。

王阳明伪造了两广都御史的火牌，上面写道：两广提督准许手下带领四十八万士兵前往江西袭取朱宸濠。雷济秘密派人持该火牌前往南昌，故意被抓。朱宸濠见到火牌，果然有所疑虑，不敢贸然出城。

王阳明到了吉安后，又编造了南雄、南安、赣州等府军队集合的消息，宁王府的细作自然飞奔回南昌报告，宁王府的贼人们听到消息，多有紧张慌乱。很多百姓们听到消息，则感到十分振奋。

王阳明还“得到”朝廷的平叛军令。他编造了第三个消息——已收到北京的军务文书：朝廷任命许泰、郤永分领军四万，从凤阳等处陆路径扑南昌；刘晖、桂勇分领军四万，从徐州、淮安等地水陆并进，分袭南昌；王阳明领兵二万，杨旦领兵八万，秦金领兵六万，从各自所在地分道并进，以夹攻南昌。

王阳明让雷济选几个腿力好的人，给他们很多盘缠，让他们将伪造的军情当作实情，星夜兼程去“各路大军必经之地”迎接官兵。同时，王阳明派手下找出朱宸濠安插在吉安的奸细，厚加结交，让奸细秘密回报朱宸濠：王阳明派了人去联络各地人马。朱宸濠一听说此事，立刻差人四处抓捕，捉到后，从他们身上搜出了假文书，于是愈加信以为真。

除了搬来子虚乌有的救兵，王阳明还着手离间逆党内部。

王阳明派人伪造了朝廷与谋士李士实的通信，上面说：“承蒙您之前的密示，足见老先生精忠报国的本心，现在只是因为形势迫不得已而已。您虽然陷于罗网，但是仍然心在朝廷。要不是您秘密把宁王的计划告诉我们，我们是万万不可能知道的。我们同心协力，定会万无一失。如今就是等待时机，不然连累了您，我是不忍心的。如今四路军队已合，等待宁王一出南昌，便可下手，就只怕他不轻易出城。昨夜让凌十一他们几个密传消息，只是害怕这几个人都是粗汉，容易说漏嘴，还麻烦您多多告诫他们一下。”随后又伪造了朝廷与谋士刘养正的书信。王阳明分别差人送出，结果送信人不出意外地被宁王手下抓获。

朱宸濠本来就疑心重，见到书信，在派人查证真假的同时，对身边的两大谋士就起了疑心，而刘、李二人也相互猜疑。王阳明还设法让宁王对内官陈贤、刘吉等人有所猜忌。

结果，到了原定的出兵日期，宁王的大军却迟迟等不到出兵的命令，因为宁王推迟了出兵南京的计划。他花了十多天的时间来甄别情报的虚实，调查手下与朝廷的来往情况和打探朝廷援兵的情况。当最后确定这是王阳明散布的假情报时，最佳的进攻机会已经被错过了。士气已经低落，而朝廷有所准备，王阳明也集结起了军队。

王阳明在六月十九日的时候，急上《飞报宁王谋反疏》，大臣们得知宁王谋反，惊惧不已。兵部尚书王琼说："有王阳明在，害怕什么！？你们等着吧，不久就会有捷报传来。"他连忙调动兵马物资，为迎击朱宸濠做准备。

武宗听闻朱宸濠谋反后，立刻下令清算与宁王有私交的大臣，关押了萧敬、秦用、卢明、钱宁、臧贤、陆完等人，并抄了他们的家。其后，萧敬上交了两万两黄金得以免罪，秦用、陆完被发配边疆，其余的人都死在了监狱里。

王阳明向四方诸郡县发布讨逆檄文，一时间，伍文定等官员、将领带兵前来汇合。王阳明说："用兵要出其不意，攻其不备。在敌人锋芒正盛或者有所准备的时候去攻击，都不是好的时机。我现在自守不出，等着敌人出来，就可以看清他们，然后伺机发动进攻。"

等到宁王从南昌出兵之时，王阳明已经集结了一支八万人的军队，还有其他援兵在赶来的路上。

王阳明还收到了已致仕的刑部尚书林俊的勉励书信和火药配方。林俊在派人加急铸造当时世界上极其先进的铳炮——佛朗机铳。只可惜战事结束之后铳炮才送到，但是王阳明非常感激。

大火焚船，浮尸满江

正德十四年（1519）六月二十七日，宁王的先锋部队围攻安庆城，准备经由安庆攻南京。看见贼船来了上千艘，安庆守备都指挥杨锐坐镇城墙之上，与士兵发誓共同剿贼。知府张文锦发府库金银，以示奖赏。匪寇凌十一登上贼船最高处，或许想耀武扬威一番，没想到被杨锐引弓射中头颅。凌十一的儿子去扶他，被杨锐一箭穿喉。于是，安庆军民士气大振，立旗大书“剿逆贼”三字立于城头。

七月一日，朱宸濠留下栱樤、万锐、胡濂等守南昌城池，自己亲自统兵从南昌出发，率贼兵、土匪等八九万人，船舟千艘，进攻安庆。

安庆久攻不下。十五日，朱宸濠命令潘鹏到城下，劝降杨锐和张文锦。杨、张二人当然不为所动，派官员黄洲以忠孝大义责备潘鹏，潘鹏惭愧而退。而后，潘鹏又带着伪造的檄文来劝降，只得到了杨锐的一箭，潘鹏脚底抹油躲过了。

劝降是不可能的了，贼兵只有加紧攻击，而杨锐带领官兵殊死抵抗。贼兵架云梯进攻城楼，杨锐和士兵在城上朝下射击挡住了攻势。夜晚，贼兵趁夜色架梯偷袭，安庆守军投以油料、草木，放火烧毁了云梯。趁敌人受挫，气势低迷，杨锐带兵半夜劫杀敌营，敌军受伤者颇多，不敢再冒进强攻了。

朱宸濠在船上督战，见此形势，是又急又气。他问当地一个划船的人现在船所在的地方叫什么，舟人操着口音回答：“黄石矶”。“黄”与“王”“石”与“失”“矶”与“机”读音相近——“王失机”。宁王一听，说自己失去机会，大怒，杀了这个舟人。

王阳明于七月十八日领兵抵达丰城。各路人马也加紧进行了调集，戴德孺领兵自临江，徐琏领兵自袁州，邢珣自赣州，胡尧元、童琦自瑞州……各路兵马汇集一处。

王阳明与同僚们进行商议，有人提出：“宁王自从反叛以来，半个月后才出南昌城，可想而知他在南昌进行了严密的部署，现在我们进攻南昌城恐怕一时难以夺下。宁王久攻安庆不下，必定兵力疲惫，意气沮丧，如果我们现在带领兵马将贼兵逼入长江一线，与安庆进行夹攻，则宁王必败。宁王败了，南昌自破。”

王阳明却摇头认为不可：“官兵若绕过南昌北上，与宁王在长江上相持，安庆的军士仅能自保，没有力量主动出击，而南昌的贼兵却有机会断绝我大后方的粮道，南康、九江的贼兵又可以与宁王的主力合势攻击，我们就可能陷入腹背受敌的困境，对我们太不利了。不如先进攻南昌。宁王久攻安庆，其精锐必定已经调集到安庆，而守御南昌的贼兵必然相对单薄。官兵刚刚集合，士气正旺，有能力攻下南昌。宁王如果得知官兵在紧攻南昌，按他的心思定会带兵撤离安庆，还兵自救。等他回来的路上，我们就已经攻克了南昌，敌人听说后会士气低沉。这样，老巢被端，安庆不下，首尾牵制，宁王就只能束手就擒了。”

于是，王阳明将士兵分为十三哨，每哨三千人左右，少的一千五百人，命令伍文定、邢珣、戴德孺等共带九哨官兵进攻各个城门，余下四哨作为流动部队，支援各哨。

有谍报说敌人于坟厂这个地方设伏兵。王阳明派知县刘守绪带兵乘夜色从小路袭击，击破了伏兵。

七月十九日清晨，王阳明在市汊举行誓师大会，宣讲朝廷的威德以及朱宸濠的罪行，军士们莫不切齿痛心，踊跃激愤。王阳明还下令：“一鼓抵城，再鼓登城，三鼓不登者诛，四鼓不登问斩队将。”

第二日黎明，各哨抵达既定位置。考虑到城内尚有许多无辜百姓，王阳明暗中遣人入城，通告百姓让他们闭门自守，不要帮助敌贼，也不用惊恐，到处逃窜。

最开始，南昌城内戒备甚严，滚木、火炮等守城器械无不具足，但是之前坟厂被破，残余溃逃的贼兵逃回南昌城后，四处讲述官兵的厉害，把贼众们搅得惊恐万分，人心惶惶。他们又听说官兵突然对城池四面包围，更加泄了气，无心防守。官兵趁着他们军心动摇之时，勇猛冲锋，使用云梯、绳索攀登上城楼。城楼上虽然有守卫，但都纷纷倒戈。

◆《岁华纪胜图册之阅操》·明·吴彬

江河上泛起波浪，一艘艘军舰气势雄壮；校场内旌旗飞扬，一列列士兵全副武装。

大军入城，官兵擒获了栱樤、万锐等十余位伪官，以及一批贼兵。宁王府中的朱宸濠家眷听闻南昌被攻破后，都纵火自焚。火势蔓延到民居，王阳明令士兵灭火救人，封府库，安慰宗室子弟，宽宥当时被胁迫投降朱宸濠的官员，严守关卡城门，城中安定了下来。

在王阳明进攻南昌之时，本来朱宸濠就愤懑打不下安庆，突然南昌又告急，既气愤又恐惧。李士实等劝说朱宸濠不要回兵南昌，当务之急是加紧攻下安庆，径取南京，登基即大位，但是朱宸濠一心要救回自己的老家，没有听从他们的建议，下令撤离安庆，先遣兵两万速回南昌，而自己则率领主力随后跟来。

七月二十二日，朱宸濠回兵江西的情报传到南昌，王阳明聚集众人商议。有人说："宁王兵盛，借着他现在的盛怒不惜一切地奔来。援兵尚未聚集到此，如果打起来，势必不能支持多久，不如以守城为要，等待四方的救援。宁王他们久屯南昌城下，贼兵又四面没有支援，将会自溃。"

王阳明却分析道："宁王兵力虽然强，但是他所到之处，都是烧杀抢掠，他那些一路招收的贼兵，都是以事成后封官行赏为诱饵招来的，不可靠。现在他进取不得，老巢又覆，他虽然自己愤慨，但是军心已散。南昌刚被攻克，若以精锐之师趁着高昂士气进攻，敌人将不战自溃。"

于是，王阳明带兵同宁王的贼众正面交锋了。双方在鄱阳湖上大战三轮。第一轮，宁王先锋兵至，王阳明派兵截击。

七月二十三日，朱宸濠先锋船队抵达南昌城外不远的樵舍，阵势很大，风帆蔽江。王阳明监督各哨战船乘夜前行，让伍文定当前锋，余恩紧随其后，邢珣带战船绕到贼军背后，徐琏、戴德孺率船队如同双翼一样分列于前锋的左右方，大军准备截击来犯之敌。

次日，贼船乘风鼓噪前行，进逼黄家渡（今江西南昌市东），撞见了伍文定、余恩的两小支船队。两支船队佯装回撤，贼兵见状，为了争功夺赏，纷纷向前追击，冲锋的船队逐渐与中后方的船队分离、断裂开来。邢珣的船队见机直接横切贼船前后断裂处，兵分两面，分攻敌船。在敌军正前方的伍文定、余恩船队猛然掉头，反攻敌军。徐琏、戴德孺率战船从两侧合势夹攻。众贼见四面兵起，慌乱不知所措，溃败而逃。官兵追击十余里，擒拿、斩获二千多人，落水死者数以万计。剩余贼兵则退至八字脑（今江西鄱阳县西）自保。

朱宸濠十分震惊，重赏勇者以激励士气，又下令将南康、九江守城的士兵全部调来增援。

王阳明趁着朱宸濠抽调九江、南康人马的时机，派遣陈槐领兵四百，汇合饶州知府林城的兵马进攻九江，派广信知府周朝佐率兵攻南康。王阳明乘虚收复了九江、南康。

第二轮交战，宁王与贼兵们背水一战，来势汹汹地前来挑战，王阳明遣兵硬抗。

二十五日，两军交锋，当时的风势不利，且敌兵气势正盛，官兵稍稍败退。伍文定屹立于铳炮之间，须髯被炮火燎去，仍殊死战斗。王阳明急令，如果谁退却，先斩谁的头！士兵拼死抵挡朱宸濠的猛攻。

混战中，官兵的炮火击中宁王副舟，朱宸濠急忙命船往后退却，贼兵们见宁王退却了，士气瞬间低落下来，也无心恋战，于是大败。官兵又擒斩两千多人，溺水死者不可计数。这一战，王阳明胜得不易。

最后一战，仿佛历史的重演。

二十六日，贼军退至樵舍，宁王下令：连舟为方阵。

《三国演义》中，曹操听信庞统之言，为让北方的士兵不晕船，下令铁索连舟，诸葛亮借来东风，周瑜火烧赤壁，大败曹操。《明史》记载，朱元璋与陈友谅决战于鄱阳湖上，陈友谅将巨舰连锁为阵，起初双方连战三日，朱元璋连连战败，几乎被陈友谅消灭，但东北风起，朱元璋纵火焚舟，击败了陈友谅。

或许是相信风势一直有利于自己，朱宸濠决意铁索连舟。获悉消息的王阳明自然下令：准备火攻。

王阳明让伍文定等秘密准备好火攻的器具，并安排交战时邢珣攻击敌军左方，徐琏、戴德孺攻击右方，余恩等设伏兵，等待火势一起就合围敌军。

朱宸濠拿出所有的金银激励士卒，但是他发现，很多“官员”和“士兵”都不为自己拼命了。愤怒的宁王一大早召集“群臣”，斥责不尽心尽力的、特别是坐观成败的“墙头草官员”，和其他伪臣议论要不要斩首这帮人。宁王压根儿就没注意风势。

就在此时，王阳明的军队发起猛攻，放火烧船，同时围攻敌军。大火一路蔓延，直烧到朱宸濠的副舟，众伪臣奔散而逃。朱宸濠身边的妃嫔们哭泣着与他诀别，多赴水而死。宁王换小舟逃跑，被知县王冕的船只追上。他打算投水，但是无奈船行在浅水中，被王冕活捉。

除了朱宸濠，官军还抓住了宁王世子、郡王及李士实、刘养正、刘吉、王纶、吴十三等一大批伪官和贼首，擒杀贼兵三千多人，贼兵落水而死者近三万余人。

当时，浮尸、衣甲、兵器、木板等横陈江中，仿佛一片片水洲，随水漂浮散开后长达十余里。剩余上百艘逃出去的贼船，王阳明派兵分路追剿，剿灭了穷寇。

当时赴水而死的众位妃嫔中，有一位娄妃，是大儒娄谅的女儿。当初，朱宸濠要谋反之时，娄妃哭泣着阻拦劝谏，但是朱宸濠不听。被抓后，朱宸濠在槛车里哭着对人说："以前，纣王听信了妇人的话而亡天下。如今，我是不听妇人的话而'亡国'啊！现在我是多么地悔恨啊。"王阳明听说后，派人找到娄妃的遗体加以安葬。

当朱宸濠被带到王阳明面前，他还有一丝的期待，对王阳明说："阳明先生，我可以尽革护卫，请求贬为庶民。"

王阳明只说了四个字，"有国法在"，就不再说话了。

王阳明押着朱宸濠回南昌城，城内外数万百姓沿路观看，欢呼声震动天地，为捉住宁王拍手称快。

本以为是令人高兴的结局，但没想到……

宁王已擒，仍御驾亲征

得知宁王谋反，武宗着令总督军务威武大将军镇国公朱寿统领各路兵马，南下征剿叛军。大军于正德十四年（1519）八月二十二日出发。威武大将军朱寿，不是别人，正是武宗自己，这是他给自己安排的征战身份。武宗贪玩，他喜欢游山玩水，更喜欢玩“战争游戏”。

这次武宗亲征，也是许泰、江彬、张忠撺掇的。许泰和江彬都是武官，凭着勇猛剽悍得以被武宗关注，同时他们和太监张忠一起投武宗所好，接连得宠，许泰和江彬都被武宗认作义子，获赐朱姓。

江彬多次诱使武宗出巡，多为游山玩水，寻欢作乐，还有一次遭遇了敌兵。正德十二年（1517）八月，江彬引导武宗微服出居庸关，遇蒙古鞑靼部落小王子进犯，武宗急调周边兵力救驾，诸将官拼死力战才击退了敌人，取得了“应州大捷”。武宗极其高兴，以此战功封江彬为平虏伯，封许泰为安边伯，升赏内外官九千余人，赏金以亿万计。经此一役，武宗发现，他太爱打仗了。

正德十四年（1519）三月，宁王起兵三个月前，武宗受江彬的怂恿下诏南巡，遭到众多朝臣的集体反对。愤怒的武宗下令对一百多位反对的官员施以杖刑，十余位官员被打死，为首的几位官员被贬官外调，但这么一闹，武宗迫不得已收回了成命。

宁王谋反的消息传来，武宗十分兴奋，因为他既可以打仗，又可以南巡了！江彬、张忠等人也想借机谋取战功，进宫请求武宗亲征。武宗下令亲征，又有朝臣极力谏阻，被武宗施以廷杖，有大臣直接被打死。不过这一次，大臣们没能让武宗收回成命。

武宗带着许泰、江彬、太监张忠、张永等人，率领北京周边的大军，浩浩荡荡地南下江西征讨了。大军才走到涿州，王阳明擒获朱宸濠、平定叛乱的捷报就到了。武宗十分扫兴，仗已经打完了，这下子计划全泡汤了。

江彬等人摸透了武宗的心思，知道他不愿意班师，他们建议对王阳明的捷报秘而不发，并提出了颇具诱惑性的建议：让王阳明交出朱宸濠，然后放之于鄱阳湖中，安排皇上亲自擒获朱宸濠。就算宁王被擒的消息传开，南下亲征的理由也被想好了：虽然宁王已被擒，但是逆党尚未肃清，不抓捕必留后患。

贪玩的武宗一听就同意了，下令掩盖消息，大军继续南下。

王阳明深知武宗的顽劣，在朱宸濠造反后就曾上疏劝诫武宗，大意是说民心骚动，皇上仍巡游不已，让宁王有机可乘、谋动干戈。希望皇上能自省悔过，改弦易辙，罢黜奸佞，不再巡游，从而让天下豪杰归心，让奸雄杜绝谋反的期望。

得知武宗亲征，王阳明上奏表示反对，并说谋逆之初，朱宸濠在通往京城的要道上安排了伏兵和刺客，皇上亲征会有闪失。现在朱宸濠被擒获后，依礼法他要亲自献俘于紫禁城，昭示天命。他不放心将朱宸濠交付给其他官员，怕宁王被余党救走。同时，虽然贼已就擒，但是南方一带的叛乱余波还没有完全平复，危机四伏。

王阳明还知道，皇帝携大军南下一定劳民伤财，随行的佞臣还会搜刮民脂民膏，给百姓带来一场灾难。他需要及时制止这场闹剧。于是，他决定北上献俘，让皇上早日班师回朝。

九月十一日，王阳明启程押解朱宸濠及叛逆宗室官员北行献俘，二十五日到达广信。这时候，太监张忠差人来，说奉命接收囚犯，王阳明自然不听。

有个锦衣卫千户手持威武大将军牌追来要带走朱宸濠，王阳明知道了也不出去迎接。官吏们苦劝王阳明："这是皇上的旨意，不能违

◆《出警图》（局部）·明·无款

图中，万历皇帝朱翊钧骑马出京，在宫廷侍卫的护卫下到十三陵祭拜先祖。祭祖的队伍如此浩浩荡荡，武宗亲征声势远超于此，耗资巨大。

背。”王阳明说：“做儿子的对于父母错误的决定，如果有机会，应当痛哭流涕地去劝告他们，怎么能够屈从于错误呢？”但不得已，他让下属去迎接了。

按规矩要给锦衣卫一笔“慰劳”钱财，王阳明只给五两金子。锦衣卫气得没有收。第二天锦衣卫请辞，王阳明拉着他的手说：“我在正德初年下锦衣狱很久，还没有见过您这么轻财重义的锦衣卫。昨天的薄礼只是聊表心意，想不到这么点钱您都不要，真是令我惭愧。我没有其他长处，只是擅长写写文章，他日当为您表彰此事，让您成为锦衣卫的楷模。”王阳明对着他又行了礼以示敬意。锦衣卫不知道说什么来回应，就此作别。

王阳明知道这样直接北上的话，还会遇到一批又一批索要俘虏的人。当时张永走在皇帝一行人之前，驻军杭州，王阳明决定转而向东，到杭州找张永去了。

十月初，王阳明一行抵达杭州，面见张永。张永乃当年的“八虎”之一，至今仍在朝中握有实权，是个深谙官场之道的人物。王阳明见到张永，动情地说道：“江西的百姓久遭朱宸濠荼毒，现在刚经过大乱，又逢旱灾，还要供给一大堆官兵的军饷，已经困苦至极了，这样他们必定又要逃窜到山林里为寇。以前他们帮助朱宸濠多是被胁迫，现在真是因为穷得活不下去了。贼寇群起，天下就又成土崩瓦解之势了。到那时又要兴兵定乱，这不是很难处理吗？”

张永听后，深以为然，于是说道：“我之所以跟着南巡，是因为奸臣小人在君侧，我要调护左右，默默辅佐皇上，不是为了来抢功劳的。但是要顺着皇上的心意才能让他回心转意，班师北还。万一逆了他的心意，这只能激起那些奸臣小人的怒火，这也并非是救天下的大计啊。”

王阳明赞同张永的说法，说道：“我如今将朱宸濠交付给您，您献俘于陛下。张忠等人听闻俘虏已献，也就没有了名义久驻，那么江西百姓的困境就能解了。”

于是他将朱宸濠交付给了张永，而自己称病就在杭州西湖的净慈寺住下。王阳明此时写下了《宿净慈寺》四首，其中一首写道：

百战归来一病身，可看时事更愁人。
道人莫问行藏计，已买桃花洞里春。

王阳明心忧百姓，好不容易叛乱结束，但百姓安定的生活并没有到来。自己目前也无力回天，只能无奈地先在此隐居，静待时机。

十月中旬，王阳明从杭州出发，想要前往南京迎接圣驾，但是到了半路，却被江彬派遣的官员阻挠。这时，一道圣旨来到，命王阳明于原职之外兼巡抚江西，王阳明便转道返南昌。

在南昌，王阳明要送走两尊“瘟神”——张忠和许泰，他们两人已经率领京边官军先到了南昌。张忠、许泰为了抢功，在南昌城内搜捕宁王府的逆党，为了凑数，不惜诬陷许多善良的百姓，本来安定下来的南昌城又被弄得鸡飞狗跳，人心惶惶。

张忠和许泰还把矛头对准了王阳明的同僚。他们两人恨王阳明不把朱宸濠移交给自己，便将这仇恨发泄到王阳明的同僚身上。他们刚到南昌时，伍文定出门迎接他们，没想到，张忠、许泰二话不说，命人将伍文定绑了起来。

伍文定乃战马上立功的武将，怎会忍受如此屈辱，愤怒地骂道：“我不惜冒着九族被诛的危险，为国家平定叛贼，我有何罪过？你们是陛下的心腹，竟然侮辱忠义之臣，这是在为逆党报仇，依法当斩！”张忠听后更加愤恨，拿锤子一锤将伍文定打倒在地。

王阳明回到南昌后，张忠、许泰指使京边官军冒犯王阳明，常常直呼其名地进行谩骂。王阳明对之置之不理，不为所动，反而待他们十分优厚，生病了送去药物，见到士兵离世出丧，必定停车慰问，置办棺材，嗟叹一番才会离去。当时，王阳明的许多下属和当地军民对京边官军意见很大，王阳明发布公告，说这些北来的将士离家千里，奔波劳苦，心中也有苦楚，本地百姓当以主宾之礼待之。过了一段时间，这些京边官军们真切地感受到了王阳明和南昌百姓对他们的关心，于是也就不再谩骂他了。

张忠、许泰故意寻衅，问王阳明：“宁王府是出了名的富甲天下，那现在宁王藏起来的金银财宝在哪里？”言下之意是，你王阳明是不是把财宝装入私囊了？

王阳明回答道：“朱宸濠当时拿出所有财宝送入京城、结交朝廷要员，约他们为内应，现在可按宁王府的账目清单，一个个顺藤摸瓜查出来。”

张忠、许泰以前经常接受朱宸濠的贿赂，听到这话，只能心中愤恨，再不敢多言了。

时近冬至。“冬至大如年”，百姓在这一天祭祀先祖，阖家团圆。因为经历了宸濠之乱，王阳明令全城祭奠在战乱中死去的士兵和百姓，家家上坟，哭声不绝于耳。北来的士兵听到后，没有不思念家人的，涕泪俱下，请求北还。张忠和许泰知道军心已散，也开始考虑撤走了。只是咽不下这口气，想让王阳明丢脸。

许泰是武状元出身，自居所长，在校场练兵的时候，强求王阳明与他比箭，想让这个多病的书生在众将官面前出丑。在他的强求之下，王阳明只好勉强应战。结果，王阳明连发三箭，三箭全部射中靶心。而且每射中一次，士兵们就大声喝彩。张忠、许泰只好作罢，说：“我们的军队现在都心向着王阳明，该怎么办啊？”于是，只好怏怏地带着军队回到南京。

当良知遇上诡计

正德十五年（1520）大年初一，大雾充塞寒空，天气昏昏沉沉。恼人的天气让王阳明内心更加愤懑，促使他写下这首《元日雾》：

元日昏昏雾塞空，出门咫尺误西东。
人多失足投坑堑，我亦停车泣路穷。
欲斩蚩尤开白日，还排阊阖拜重瞳。
小臣谩有澄清志，安得扶摇万里风。

这里漫天昏暗让人看不见前路的大雾，何尝不就是代表着那些围绕在武宗周围的奸臣？王阳明想“斩蚩尤”、开白日，让雾气消散，朝政清明，还想让武宗早日回京上朝，众臣在皇宫正门（“阊阖”代指皇宫正门）朝拜天子（“重瞳”代指天子）。但是，他也知道依照现在的形势，这是不可能的，只有感叹自己枉自有平治天下的志向，却何时才有那扶摇的巨风能帮助自己飞上九万里高空，来实现自己治国、平天下的抱负呢？

这时，一路慢慢悠悠前行的武宗刚抵达南京几日。张永随身伺候着武宗。也许是有感于王阳明的报国之情，他有机会就对武宗说王阳明的好话。有一次，在与武宗对弈时，张永进言："要不是王守仁，江西的叛变可能就抵御不住，陛下您也不能在这里安稳地下棋啊。"

江彬、张忠则日夜在武宗面前说王阳明的坏话，甚至诬陷他谋反，王阳明处于岌岌可危之中！

有一天，张永看见武宗正派校尉去办事，问道："校尉这是去哪儿啊？"

武宗打了个哈欠："去逮王守仁。"

"因为什么要去逮他？"张永吓了一跳。

"听说王守仁曾经与宁王有私交"，武宗有些恼怒，"不逮他逮谁？"

张永苦笑，说了两个字："很好。"

这倒是引起了武宗的兴趣，问："为什么这么说？"

张永回答："去逮谋反的人，怎么能不说好呢？只是怕错逮忠臣啊。王守仁以前因为议论刘瑾遭受严酷的审讯，但是从来没有改变立场，陛下您想一想，侍奉在您左右的人，哪一个能做到这样？"武宗遍问旁边伺候他的人，要么沉默不语，要么跪着道歉，委婉地表达了自己做不到。逮捕之事才作罢。

江彬等见这个计策行不通，又冒出一个鬼主意，跪在地上进谏说："如今陛下您不逮王守仁，那就试试召他来。如果他不来的话，就说明他与宁王有私交这事儿是真的。"武宗同意，召王阳明觐见。

张永一听说，赶紧派了两个人快马加鞭地奔去南昌，让王阳明等武宗派出的使者一到，就跟着他们一起回南京。

正德十五年（1520）正月八日，王阳明和使者路过芜湖时遭到拦截。这是江彬和张忠的奸计：阻止工阳明前往南京，待武宗见王阳明不来，必然认定他有罪。江彬和张忠用各种方法把王阳明困在芜湖，王阳明没有办法，放弃觐见，进入九华山隐居了。

半个月后，武宗听闻王阳明在九华山，于是差锦衣卫前去侦查，探子回报，王阳明在山中草庐过着打坐、疏食的简单生活。武宗宽心道："王守仁是学圣贤之道的人，不会有谋反之心的。"

没过几日，武宗再次征召王阳明。王阳明听命而往，已经到了南京附近的上新河了，但是江彬、张忠还在阻挠他面见皇上。

夜晚，见不到武宗的王阳明在河边默坐，见水波拍岸，汩汩有声，他思考着：如果只是我只身一人蒙受诽谤，那死了也就死了，但是家里年迈的父亲怎么办？他想到《孟子》中一则尽孝与执法的争议故事。大意是有人问孟子，舜做天子时，如果他的父亲杀了人被抓，舜该怎么办呢？孟子回答："舜把抛弃天子的权位看得如同丢弃破鞋。他会偷偷地背上父亲逃跑，在偏远的海边住下来，一生都高高兴兴地尽孝，快乐得忘掉了天下。"想到这里，王阳明忽然深有同感，他对弟子们说："此时如果可以让我窃父而逃，那我也终身愿意在父亲身边尽孝，无怨无悔。"

王阳明召之即来，必无反意，张永等人也在为他说好话，同时，武宗或许也不想真的见他，听他讲大道理，就命令他返回江西。

对于被关押的朱宸濠，武宗命令张忠、许泰、张永、章纶、齐之

鸾等人审问。已成囚徒的朱宸濠，还摆着一副王爷的架子，傲慢又凶横。对于指控，他一概否认，并且还诬赖王阳明本是和他一伙的，但是眼见自己要败了，才转而将他抓了起来。张忠、许泰一听，简直高兴坏了，立马告诉武宗。王阳明的处境又危险了！

这时，齐之鸾七次上疏维护王阳明，说他绝对不可能与宁王勾结。抗辩起了作用，武宗并没有处置王阳明，但是也没有给他奖赏。

七月，王阳明收到威武大将军帖，令他重新上报平定宸濠之乱的捷音。王阳明知道，这封奏疏虽然与实情不符，让奸臣冒功、功臣心寒，但是可以让大军早日班师，让百姓生活早日安定，所以递交了《重上江西捷音疏》，将功劳主要归于威武大将军朱寿、张永、江彬、许泰、张忠等人。有了这封奏疏，武宗终于“师出有名”。他派人将宁王从牢中提了出来，亲自披盔戴甲“生擒”了宁王，一展“朱大将军”的“威武雄风”。

正德十五年（1520）八月，武宗终于起驾回北京。途中，武宗在

◆《合作山水长卷》（局部）· 明 · 沈周 文徵明

王阳明受污蔑陷害，武宗召他前来，结果半路被阻拦。倘若武宗认为他因谋反而不敢来见，就会下令处死他。在生死关头，王阳明在水边默坐，如画中人一般，心中涌起了对家人的思念。

水上抓鱼，不慎掉入水中，既受了凉，心里更受了惊吓，生起病来。十二月五日，抵达通州，武宗赐朱宸濠死，进入京城后又陆续诛杀其党羽。

正德十六年（1521）三月十四日，武宗因病驾崩，享年三十一岁，无子嗣，亦无亲兄弟。他在临终时交代："此后国事，当请太后与内阁定夺。"其后，皇太后和内阁首辅杨廷和迅速捉拿江彬等一批奸臣下狱，并选定武宗的堂弟、十五岁的朱厚熜来做皇帝。

四月二十二日，明世宗朱厚熜即位，大赦天下。第三天，齐之鸾上《清理刑狱疏》，冀元亨被救出。冀元亨因去宁王府讲学并劝诫宁王，被张忠、许泰诬陷与宁王勾结，投入大牢，备受刑讯。如今冤屈终于大白，只是在监狱关押和审讯期间已经落下了重病，出狱后五日就去世了。王阳明恸哭不已。

王阳明自己说，他是熬过了百死千难才得到了良知的真谛。经历了与朱宸濠、张忠和许泰的争斗，他更加确信良知真的足以让人忘却患难，看透生死。在给邹守益的信中，王阳明写道："近年来信得'致良知'三字，真圣门正法眼藏。往年尚有些怀疑，如今经历了这么多事，只体会到良知无不具足。就像是行舟有了舵，不管水流是平静的、微起波澜的还是湍急的，不论水浅水深，操作起来无不如意。即使遇到逆风巨浪，只要这个'舵柄'在手，就可以免除溺水的祸患。"

第七章 晚年弘道

◎与父亲的诀别

◎父亲岂能改认叔叔

◎心学出名后的烦恼

◎千言万语，不离致良知

◎在玩中学，竟考得功名

与父亲的诀别

正德十六年（1521），王阳明年到五十，已是知天命的年纪。四月二十五日，朝廷为表彰他在江西的功劳，将其子王正宪擢升为锦衣副千户。六月，朝廷召王阳明北上京城。当时内阁首辅杨廷和妒忌王阳明，惧怕他一旦入京任职，会影响他的权势，因此以各种理由阻止王阳明入朝。其中，最有力的理由是，武宗国丧期间不宜行宴赏之事。因此，王阳明走到钱塘时，接到了南京兵部尚书的任命，就待在南京，不用北上了。

这时王阳明上疏要回家归省，他指出，以往权奸在朝，诽谤构陷自己，当时提出归省，确有终身不再出仕的念头，而如今，世宗亲贤臣、远小人，诛戮奸臣，公道大显，确实是因为父亲年迈多病，随时都有离去的可能，一定要回家看望父亲，因此请求归省。

世宗赞扬了王阳明的孝心，赐羊、酒等，特准他回家侍奉父亲，尽孝之后，再回朝廷出仕。

九月，王阳明回到了余姚老家。他祭拜了先祖，又来到他出生的地方——瑞云楼。故地重游，王阳明想到自己还没来得及奉养的母亲，和没能亲自扶棺送葬的祖母，不禁痛哭起来。

十一月，朝廷论功封王阳明为新建伯，子孙世世承袭。当封爵的诏书送到绍兴宅邸的时候，正值王华寿诞，亲朋咸集。王阳明举杯祝寿，王华反而皱眉说道："宸濠之变，人人都以为你死了，你却未死；人人都以为叛乱难平，你却迅速平定了。继而谗言构陷兴起，四处充满危机。这都两年了，我以为你难逃此劫。所幸天开日月，朝廷举贤荐能，你也有幸跟着受了封赏，我们父子也能相聚一堂。不过盛者衰之始，福兮祸所伏，虽觉有幸，但还是不免忧虑啊。"

随后，王阳明上疏推辞封爵，他写道："纪功册上所记载的，都是大家可以看见的功劳。那些在战壕中浴血奋战的士兵、被冤枉死于狱中的良将等，却不能在这个册子上见到。现在只封赏可以在册中见到的人，还删削了一些，这怎么能激励忠义之士呢？"他三次上疏辞封爵位，乞求将给他的恩赐分摊给其他将士，但是都没有得到允许。由于辅臣从中作梗，导致王阳明虽然被封爵，却从来没有收到过诰券以及一千石俸禄。

明世宗登基后，改元"嘉靖"。嘉靖元年（1522）二月，王阳明的曾祖父王世杰、祖父王伦、父亲王华都被追封为新建伯。二月十二日，当朝廷使者带着受封文书抵达王阳明老家时，王华在床上躺着，病得很重。当听到使者来到后，他催促着王阳明和他族内兄弟赶紧出去迎接，说："即使仓促了些，但是怎么可以废了礼仪呢？"等到王华知道受封礼仪已经完成后，他才瞑目而逝。王阳明号啕大哭，昏死过去，大病了一场。

父亲岂能改认叔叔

从嘉靖元年（1522）到嘉靖六年（1527），王阳明寓居江南，守孝、讲学，远离朝廷政事，但是，也无法完全置身于朝政之外。嘉靖朝头几年的大事件——“大礼议”闹得举国上下沸沸扬扬。

“大礼议”的起因是武宗无子嗣，亦无亲兄弟，堂弟朱厚熜因此被选为皇帝。按当时的礼仪，世宗需要“继嗣”，也就是要过继给武宗的父亲做儿子，成为武宗的亲弟弟，才能继承皇统。这样一来，世宗必须改认自己的亲生父亲——已故的兴献王为叔叔，改认亲生母亲为叔母。对此，年仅十五岁的世宗无法接受。

以杨廷和为首的大臣们坚持“继嗣”，因为出自《春秋公羊传》中的礼法规定“为人后者为之子”，继承谁的位，就是谁的儿子，因此，世宗必须认武宗之父为亲生父亲，认武宗为亲哥哥，才能继承皇位。这对于恪守礼节的朝臣来说极其重要，并强调此事关乎国本。

当时，只有张璁等几个官员认为世宗不必“继嗣”。靠着极少数官员的支持，世宗掀起了这场讨论“继嗣”礼仪的“大礼议”之争。

王阳明本来在江南，远离京城，但是声名在外，京城的大臣们经常会写信与他探讨此事，并想拉他加入自己的阵营。通观王阳明与席书、霍韬等大臣的交流信件，虽然他并未公开反对“继嗣”、支持世宗，但他是倾向不必“继嗣”的。王阳明的弟子陆澄最初支持“继嗣”，在向老师请教之后就改变了立场。其实想来也简单，良知怎么会同意随便把自己的亲生父亲认作叔叔呢。

后世学者的研究结论也与王阳明的想法一致。当代先秦史专家李衡眉教授剖析了“为人后者为之子”在《春秋公羊传》中的提出缘由，发现这是作者弄错了史实而演绎出的一条错误礼学理论。

首辅杨廷和因“大礼议”与世宗不和而威胁辞官，结果世宗同意，这位历仕四朝的老臣就此辞官归乡。他的门生谢源等人想要北上争辩，王阳明写信劝阻他们。王阳明指出，人的是非毁誉，是久之必见的，不必去徒劳争辩。真有其事，辩也辩不掉，没有其事，那也就不必辩了。没有其事，去争辩，是自我诽谤；有其事，去争辩，那也只是增加自己和别人的恶气、怒气。争辩并非是修身该有的方法，安静自处、以观其变才是更好的选择。

嘉靖三年（1524）七月十五日，世宗钦定亲生父母的封号，明确表明了他不会改认父亲。

杨廷和之子杨慎与学士丰熙等人上疏进谏，世宗不答复，就邀集廷臣跪伏于左顺门力谏。世宗震怒，命为首八人下诏狱。消息传出，群情激愤。杨慎激动地说：“国家养士，百五十年，仗节死义，正在今日！”于是同两百多位臣子在金水桥、左顺门号啕大哭，抗议非法逮捕朝臣，声彻宫廷。世宗盛怒，下令锦衣卫将他们全部逮捕入狱，施以廷杖，打死了十几位大臣。杨慎挨了两顿廷杖，几乎死去，被发

配到云南永昌卫（今云南保山县）充军。

九月五日，朝廷向天下颁布大礼，明世宗得到了最终的胜利，但过程太过惨烈。一场礼仪之争，竟断送了十几位臣子的性命，导致了内阁首辅杨廷和等上百位朝臣的官职变迁。

王阳明在此时期写下《碧霞池夜坐》，他认为“大礼议”之争真是没有必要：

一雨秋凉入夜新，池边孤月倍精神。
潜鱼水底传心诀，栖鸟枝头说道真。
莫谓天机非嗜欲，须知万物是吾身。
无端礼乐纷纷议，谁与青天扫旧尘？

在碧霞池边，王阳明看着水底的潜鱼、枝头的栖鸟，不禁感慨自然万物中就蕴藏着心诀、真道，似乎是在暗讽争论礼节的大臣们徒然引经据典，不以现实为据。各方都是为着一己私欲在争论辩驳，这样怎么能致良知，怎么能了悟自己与天地万物本是一体的呢？朝臣纷纷争论礼仪，朝政不就被耽搁了吗？

◆《明世宗坐像》·明·无款（左图）

世宗经过“大礼议”掌握了权力。他早期严以驭官，宽以治民，重振国政，开创了中兴局面，但后期迷信方士，宠信严嵩等人，导致朝政腐败，民变四起。

心学出名后的烦恼

心学日盛，王阳明的弟子遍布天下，但在当时，朱熹的《四书章句集注》是科举考试的官方教材和判卷标准，阳明心学与朱熹理学在思想上有区别，引起了朱熹理学门人们的不满。

有一次，王阳明的高徒王艮要去北京，路过山东时，由于当地盗贼横行，官府难以遏制，派兵严查黄河渡口，给行人渡河带来诸多不便。王艮找到了当地州守，给他讲破贼的兵法。州守问："用兵贵在勇猛，但是我就一个儒生，确实有点害怕这些盗贼，怎么办？"

王艮回答道："那我就用一个比喻来说明为何我不害怕吧。我家养了一只母鸡，它所害怕的肯定就是老鹰了。有一天，老母鸡带着小鸡崽儿来到荒野，突然冒出一只老鹰！这时候，老母鸡奋力张开翅膀与老鹰搏斗。此时的它，已经不知道老鹰的可怕之处了。这是为什么呢？因为它担忧小鸡崽儿的生命安全啊。对于父母官来说，百姓就是他们的子女。倘若不忍心自己的子女被强盗杀害劫掠，那怎么会担心没有勇气呢？应该是比这只老母鸡更加奋力地与贼寇搏斗吧。"

州守听了王艮的这一席话，内心的良知被唤起，信心倍增，加紧部署人马，谋划方案，积极处理强盗匪患的难题。

京城中有一个老人，半夜梦见空中有一条黄龙，一路施雨到了崇文门，变为了人。第二天一早，刚好王艮从崇文门入城，并且他行头有点夸张，头戴古帽，穿着古服，驾着古代形制的车，招摇入市，一时间观者甚多。在京城的这一段时间，王艮到处勤恳地讲学，传播心学，而之前老者的梦也传开了，好事者将这个黄龙化为人形的梦与夸张进城的王艮联系在一起，黄龙的施雨就隐喻着传播心学，这自然引起了推崇程朱理学的士大夫与朝廷的注意。

远在绍兴的王阳明听说这事儿后，知道王艮这是犯了大忌，立马写信让他速回绍兴。王艮回来后，王阳明认为他意气太高、行事太奇，想要抑制他一下，因此连续三天不见他。

第四天，王阳明正送客出门，王艮本来就在大门口候着，一见老师，“扑通”一声跪了下去，恳切地说：“我知道错了。”王阳明没有说话，径直回了屋。王艮跟了进去，又跪拜道歉了几次，王阳明才终于扶他起来，给他分析了此举的过失。王艮知错改过，从此也没有那么浮夸了。

阳明心学终于引起了朝廷的纷争。礼科给事中章侨和河南道御史梁世骠在朝中不点名道姓地建议：“三代以下论儒学正宗，没有谁比得上朱熹。最近，有号称聪明才智能够号召天下的人，倡导异学，而社会上只崇拜名声的士人都跑去学习，以他为宗。他的学说大体上就是陆九渊学说的便捷解释，说朱熹的学说为支离，写个文章也险怪得很。现在请求朝廷一定要禁绝这种学说。”

朝中很多大臣都认为要对心学加以限制，世宗也认为可以，下旨：“祖宗颁降敕谕，正是要遵正学，育真才，端正习俗，以成正大光明的事业。百余年来，已经人才济济，文章纯雅了。近来士人多学习险怪诡异的文章，不利于风化。因此，现在教育士人一定要依据程朱之言，不许有离经叛道的言论刊刻、传播。”《传习录》被迫停止刊印。

一次，王阳明的几位弟子在他面前感叹老师自击败宁王以来，天下诽谤议论越来越多。有人认为是老师的功绩、声望越来越大，遭人嫉妒而受到毁谤。有人说是老师的学说越来越有名气，被支持朱熹理学的儒者所反对。还有人觉得，志同道合、追随老师的学生越来越多，四方的排挤者就会加大力度议论诽谤。

对此，王阳明向弟子们表达了他的看法：“我在担任南京兵部尚书之前，是有当‘乡愿’的想法。但是如今，我只相信自己的良知，正是因为我跟从自己的良知行动，才不会掩饰我的行为，才做了现在世人所说的‘狂者’，我只是依从良知而行。”

弟子请问乡愿与狂者的区别，他讲道：“乡愿以忠信廉洁与君子合得来，以同流合污与小人合得来，因此哪一边都找不到可以指责他的。但是究其心，才知道乡愿的忠信廉洁是为了献媚于君子，同流合污是为了献媚于小人。乡愿的心已经被破坏了，因此不能学得尧舜之道。狂者，志向与古人同，一切纷扰喧嚣不足以打扰、污染到他的心。狂者不克制自己的本心，不委屈于世俗，就像是凤凰翱翔于千仞高空一般自由，这就是圣人的境界了。狂者因此不会掩饰自己的行为，可以说狂者的心是没有被破坏的。”

这就是阳明先生的狂者胸次！

当时社会上很多读书人不理解王阳明思想的深意，只是抓住他“诽谤”朱熹之学“支离”的意见不放。这种诽谤甚至还蔓延到了科举考试中。在嘉靖二年（1523）三月的会试中，科举考试竟以心学出题，而且意在排斥和打击王阳明和他的心学思想。

“策问”的题目是：“朱熹和陆九渊的学说是泾渭分明的，但如今有学者强行将二者融合，这不是贪图陆说的简便，也在暗中贬低朱子之学吗？这种用心和南宋何澹、陈贾（攻击朱熹理学的学者们）有什么区别？这个学者现在到处毁谤朱说，售卖他的一己私见。礼官是不是应该烧掉他的书，禁止谬论呢？”

弟子徐珊见到诋毁老师学问的试题后，拂袖而去，叹息到：“我怎么可以昧着自己的良知去讨好考官呢？”出考场后，他对人说：“我最开始发现策问是诋毁老师的学说，愤慨极了。我老师的学问简易广大，他的语言深切著明，他的心是仁义忠恕的。他仁爱众人，因此才会不顾世人的诋毁而谆谆教诲。他于世间又有什么所求呢？”徐珊放弃了考试回到家乡，潜心于王阳明致知之训的学习，最后领悟到了良知的自发。

弟子欧阳德、王臣、魏良弼等人，索性在答卷中阐扬心学，竟然被录取了。原来，判卷的考官们观点存在分歧，有的考官钦佩欧阳德等人的正直勇敢，因此破格录用。

钱德洪却没有这样的好运气。他落榜之后，回到王阳明身边。王阳明一见到怏怏不乐的钱德洪，大喜地给他接风洗尘，说：“圣学从此大明了！”

钱德洪满脑子的疑惑，问：“现在的时事如此，怎么见得是大明了呢？”

“我的学说怎么才能流传于天下呢？”王阳明说，“会试以心学命题，那现在即使是在深山老林的人也都知道我的学说了。既然考题说我的学说是错的，那么天下士人必将群起讨论我的学说是否正确，或许可以修正、补充我的学说。”真理越辩越明，天下学子共同讨论心学，既让心学流传，也会让心学思想更加完善。

◆《溪桥访友》·明·沈周

山人通过来访的故友知晓天下的消息。科举命题诽谤心学，这样一来，山人都开始关注阳明心学了。

千言万语，不离致良知

在王阳明刚刚归省回余姚的时候，他的弟子钱德洪就带着两个侄子钱大经、钱应扬以及郑寅、俞大本等人来阳明先生这里受教。因为王阳明的名气实在太大，当有一个学子听说他回到余姚之后，立即通知周围的同学们，夏淳、吴仁等七十四位当地的学生便一起登门向他请教。

见到这么多好学的学生，王阳明十分感动，于是他在龙泉山的中天阁开讲。他对学生们讲道："知乃是德行之知，是良知，而非指知识。良知至微而显，所以知微就可以进入道德境界了。圣人就是明了这一'微'字，《中庸》讲'不睹不闻''无声无臭'，就是说的这个'微'。"学生们听完如梦初醒，欢呼雀跃。

又有很多朋友、学生从四面八方前来拜访求教，结果王阳明家周围如南镇、禹穴等地的寺庙，凡是移步便能到的，都住满了人。距离近的天妃、光相等寺庙，每间屋里时常有几十人一起吃饭，晚上没有躺卧睡觉的地方，就轮流睡觉，有时他们吟唱歌曲度过漫漫长夜，歌声通宵达旦。

为方便学生们听讲，王阳明在会稽修筑了阳明书院。王阳明每次讲学，前后左右围着他的学生有几百人。他尽力因材施教，受到了许多学生的欢迎。迎来送往，王阳明简直没有一天歇息过。就是因为学生太多，结果有些人听讲了一年多，王阳明都还没记住他们的名字。

每次与学生们离别的时候，王阳明经常这样慨叹：“你们虽然离开了，但还在天地人间，只要我们共同立志于圣学，即使我忘记了你们的模样，那又何妨呢？”

对于学生不想去参加科举考试的想法，王阳明是不太同意的。他知道学生们如果只待在他身边，与天下士人的交流还是有些狭窄的，也不利于心学的传播。比如有一年，他的高徒王畿进了会试，却不想北上参加考试，王阳明命令他去，王畿默然不答。

王阳明劝解道：“我想要的不是你及第后荣华富贵。我是考虑到，现在天下读书人，对我的学说有疑虑、否定的还有很多。看我现在的弟子中，性格朴厚的还未能通解我的学说，聪明的尚又缺少些毅力去学习。参加会试的人，都是天下勤奋又有学问的人，我想来想去，只有你能够完整地阐述我的学说，所以让

你去，并非是为了及第做官。”

王畿听后，答应道：“好。那我此行只是去宣扬老师您的学说，即使是考中了，那我也不参加殿试，完成了这个任务我就回来。”

“就依你的想法办就行。”王阳明回答。

于是，王阳明帮王畿租了艘船，与一群学生来给他送行。王畿到了京城讲学，受到京城名士、四方学子的关注，他们相互辩论，王畿得以传播阳明心学，自己也名盛一时。

王畿会试通过后，没有参加殿试，而是选择回到会稽。王阳明来迎接他，笑道：“我现在开设书院以等待四方英贤，就像是一个店主要开店营业，需要采购全国各地的货物。现在奇货回来了，百货就会日渐齐全，那店主自然就没有无货可卖的忧虑啦。”

果然，从四方来学习的人越来越多，或默默研究，或群居诵读，或列坐讲论，一片欣欣向荣之盛况。

至于已经中了进士的弟子，王阳明常常通过书信与他们交流学问。弟子欧阳德考中进士到六安州任职后，说自己最开始好几个月一直忙于政务，稍后才有点时间来给当地的学生讲授、实践心学。王阳明写信给他说：“我所教给你的良知之学，正是在政务繁忙时所能用的，何需聚集好学生之后再去实践？良知不因为见闻才出现，而所有见闻都可以为良知所用，所以良知不会被见闻所限制，但要在实事中致良知。”

绍兴郡守南大吉也是王阳明的弟子，他不拘小节、性格狂放，在与王阳明论学的过程中，多有心得体会。一次，他问王阳明：“我执政绍兴多年，犯了很多过错，为何您从来不批评我一句呢？”

王阳明问：“你有什么过错？”于是，南大吉历数之前的错事。

王阳明听后只说了句：“我已经说过了。”

“什么时候？”南大吉很是疑惑，问道。

王阳明说：“我不说的话，你又凭借什么知道？”

南大吉顿悟：“良知。”

王阳明听后点点头：“不是我常说的良知，那又是什么呢？”

南大吉大笑而去，仔细思考了几天，领会到了良知的要领：既然我知道什么是对的、什么是错的，那么我与其在犯了错后去后悔，为何不在明知道要犯错之前及时制止呢？

南大吉报告了这个体会后，王阳明说：“别人对你进行教诲，不如自己亲身去领悟来的真切。”

南大吉于是又大笑而去，又思考了几日，再问王阳明：“实际操作中的过错可以避免了，那心里犯了错怎么办？”

王阳明用了个比喻来回答：“一面镜子还没有被使用的时候，上面沾染了多少灰垢也无人在乎。当这面镜子要被使用，被清洗干净后，镜面上即使有一粒灰尘，都逃脱不了人的眼睛。这正是入圣人境界的要领，希望你勤加修习。”

后来，南大吉为王阳明扩建了稽山书院，王阳明在这里讲解《大学》万物同体之旨，让人各自探求自己的本性，致良知以“止于至善”。

在玩中学，竟考得功名

除了在书院讲学，喜好山水的王阳明还常常带着学生们出去游学。例如，他带着张元冲游览钱塘萧山，彻夜长谈时事和学问；带着王艮等弟子游览秦望山，在山水间体悟人之本性。

有一年的中秋佳节，王阳明在自己府内的碧霞池畔、天泉桥边宴请门人。此夜月光皎洁，众人或投壶游戏，或击鼓而歌，或酌酒赋诗，好不畅快！

王阳明见学生们玩得如此尽兴，脱口作诗，有“铿然舍瑟春风里，点也虽狂得我情”之句。他说：“过去孔子在陈国时，思念鲁国的狂士。现在的学者，溺于富贵名利之场，就像是监狱的囚徒一般，不得解脱。我学习了孔子之教后，才知道一切的俗缘并非是心的本体，于是豁然解脱，但是如果只是体会到了这层意思，不加以实践、至于精微的话，就会脱离实际。虽然这样是与世俗中平庸琐碎的生活不同，但也不能说是与道合一了，所以孔子在陈国的时候，就思念故土，想着回去与学生们‘风乎舞雩，咏而归’。你们讨论学问，常常没有领会此意。现在我有幸见到了‘咏而归’的欢快境界，正可以借此求得心与行合一的至道。”

钱德洪的父亲钱蒙去会稽看自己的儿子和侄儿。魏良政和魏良器两兄弟陪同钱蒙游玩禹穴等地，玩了十天还没回去读书。钱蒙担忧道："你们陪我玩了这么久，不会妨碍学业功课吗？"

魏家兄弟回答道："我们的学业，是无时无刻不在学习的。"

"我知道心学是可以触类旁通的，无论做什么，即使是游玩也是在体会自己的心性。可是朱子学说也可以用心学来会通理解吗？"

二人笑曰："用良知去求得朱子学说，就像是打蛇要打七寸一样——抓住了关键，还担忧求不到什么呢？"

钱蒙的疑惑并没有消失，他向王阳明请教，王阳明回答说："不要说是无妨，简直就是大有益处。学圣贤者，就像是治理他的家，其产业、宅邸、服食、器物都是自己置办。想要请客，可以招待好客人（就好像有了学识去参加科举）。客人离开后，产业等都还在，可以自己享用，终身受用无穷。现在很多参加科考的人，就如平时不积累家财，专门以借取他人的东西为能事。想要请客，家里所有的东西都靠借取。客人来了，可做一时的享用；客人走了，东西就都还给别人（就像考完试便忘却了圣人教诲）。因此，求取东西一定是内在的积累，而非向外借取。"

第二年，魏良政等门生通过了江浙的乡试，可以去参加会试了。钱蒙听说后，抚掌大笑说："打蛇打到七寸啦。"赞叹阳明心学确实是领会朱子之学的成功途径。

第八章 征抚思田

◎天泉证道

◎《大学问》：阐孔氏之心印

◎唤起回忆的路途

◎招抚

◎平毒寇，看狼兵

天泉证道

嘉靖六年（1527）五月十一日，一道圣旨下达绍兴，打破了王阳明山水间读书讲学的清静生活。朝廷命他以南京兵部尚书原职兼都察院左都御史，总制两广及江西、湖广的军务，让他去平定思恩府（今广西武鸣）和田州府（今广西田阳）的卢苏、王受叛乱。

本来，这个职务是姚镆的，但是他没有解决好这场叛乱，只好辞官，而有大臣推举王阳明代替他，世宗答应了。世宗批准姚镆的辞职，是因为他并未完全平息叛乱，就立马奏上捷报邀功，现在余孽复起，这不是给民众增加了祸患吗？虽然敌贼狡猾，但是官兵没有扫清匪患，这是过错。因此，世宗下旨急令王阳明去接替姚镆的位子。

王阳明收到这份任命书后，一直在推辞，他并非谦虚，而是确实有病在身。他向世宗上疏说："臣子对于君主的征召，应该当即力行，怎么敢言推辞呢？但是臣重病已久，潮热咳痰，病情一天天加重，每一次急咳，都会气短、甚至晕厥，很久才能缓过来。乘轻舟安卧，尚且不敢时间过久，更何况行军打仗呢？本来委身以报国，这是臣的本心。如果以现在的身体状况贸然出行，那耽误了军务，臣可就罪该万死了啊。"

他请求再给姚镆机会："臣在想，两广的事情，起于土官仇杀，与贼寇劫掠郡县、荼毒生灵比起来，情况还是轻一些。若处置得当，那就很容易解决。姚镆平日素称老成持重，一时的失败乃是兵家常事，现在要鼓励他集合大家共同谋划决策，迅速解决此事，为时未晚。臣本就一书生，不习惯带兵打仗，以前江西的征战只是偶然有幸立功而已，臣的才智是比不上姚镆的。况且用兵事务，姚镆得心应手，微臣半途涉足，反而容易弄巧成拙。臣认为今日之事，应该再多给姚镆机会和军权，忽略他中途犯的小错，过不了多少时日，他必定会成功。如果陛下实在要换人，臣推荐南京工部尚书胡世宁、刑部尚书李承勋代臣去。他们也是有足够才能解决此事的。"

王阳明多次上疏请求世宗撤回任命。他也写信给大臣杨一清、张璁、桂萼，以及在朝廷任职的朋友和弟子如黄绾等，请他们去说说情，但是世宗不为所动，执意要王阳明去，说："卿思维敏捷，才气高，忠心国家。两广多事，望卿前去抚定，舒缓朕的忧虑。姚镆已经辞官，卿宜快速前往节制当地乱党，调度军马，剿贼安民。不要再推脱，辜负了朕的期望。"

在朝廷的多次催促下，五十六岁的王阳明拖着病体，只得前往两广出征。这一天是嘉靖六年（1527）九月初八，很多门生来为他送行，王阳明特别感动，写了《别诸生》表达依依不舍之情：

绵绵圣学已千年，两字良知是口传。
欲识混沦无斧凿，须从规矩出方圆。

不离日用常行内，直造先天未画前。

握手临歧更何语，殷勤莫愧别离筵。

当天傍晚，钱德洪与王畿讨论心学宗旨。王畿举出王阳明的话：“无善无恶心之体，有善有恶意之动，知善知恶是良知，为善去恶是格物。”

钱德洪问：“这话的意思该怎么理解？”

王畿回答道：“这话恐怕没说到究竟处。如果说心体是无善无恶的，那意念也应该是无善无恶，知也是无善无恶的知，物也是无善无恶的物。如果说意念有善恶，那心体就还有善恶在。”

钱德洪说：“心体是‘天命之性’，原是无善无恶的，但是人有习心（指被私欲侵染的心念），使得意念上有善恶在，格物、致知、诚意、正心、修身，这些正是要恢复那无善无恶的心体所要下的功夫。如果说意念上没有善恶，那还下功夫去修习干吗？”

他们两个的意见怎么也谈不拢，因此决定一起去叩问老师。两人陪同老师走到天泉桥，说了各自的观点。王阳明听后，说：“我马上要出发了，正想给你们说破这个意思。你们两个的见解，正好是相互可以补充的，不可以各执一词。

“我开导人的方法有两种：利根之人，直接从本原上体悟人心本体是光明、晶莹、没有私欲遮蔽的，就是《中庸》说的‘未发之中’。利根之人一悟本体，就能明白自己与他人、内与外的真相了。钝根之人免不了有习心在，心的本体被遮蔽，因此教他们在意念上实实在在去为善去恶。功夫纯熟，蒙蔽心体的渣滓去除殆尽，那心体也就完全明亮了。王畿的见解，是针对利根之人的，德洪的见解，是针对钝根之人的。你们二人的见解能够相互补充的话，那么不同根性的人都可以引他们入圣道。如果你们各执己见的话，就无法开导所有人，对于道的理解也有欠缺。”

因此，王阳明告诫他们：“以后你们给人讲学，切不可失了我刚才所说的宗旨：‘无善无恶心之体，有善有恶意之动，知善知恶是良知，为善去恶是格物。’只要照着我这话去指点别人，不偏执一方，自然没有缺陷了。利根之人，世上是很难遇见的，本体功夫一悟尽透，就算是颜回、程颢也不认为自己是，岂可以轻易指望别人是？人有习心，不教他在良知上做为善去恶的功夫，只是脑中凭空去想，那一切事情都落不到实处，不过是表面上像个虚静淡定的人。这不是小问题，不能不早给你们说破。”

王畿、钱德洪听后都有所省悟。“无善无恶心之体，有善有恶意之动，知善知恶是良知，为善去恶是格物”，这四句话被称为“四句教”。这场讲解，后世称之为“天泉证道”。

《大学问》：阐孔氏之心印

“四句教”是王阳明对其心学思想的一次总结。要想理解“四句教”，应当从阳明心学的入门课——《大学问》开始。

《大学问》一文来之不易。弟子们曾请老师将对《大学》的解读写成文字，王阳明回答说：“这种意思必须诸位口耳相传，如果用笔写下来，使人当作文章去读，那是没有任何利益的。”感谢弟子们的软磨硬泡，嘉靖六年（1527）八月，王阳明出发去广西思田之前，终于写下了《大学问》，在文末大段论述了格物致知，让我们知道要走上王阳明教导的修心之路，第一只脚该迈向哪里。

下面，我们来看看这套修心功夫是怎样的。首先将古本《大学》原文中和《大学问》最相关的内容放在这里。

大学（选段）

大学之道，在明明德，在亲民，在止于至善。知止而后有定，定而后能静，静而后能安，安而后能虑，虑而后能得。物有本末，事有终始。知所先后，则近道矣。

古之欲明明德于天下者，先治其国；欲治其国者，先齐其家；

欲齐其家者，先修其身；欲修其身者，先正其心；欲正其心者，先诚其意；欲诚其意者，先致其知；致知在格物。物格而后知至，知至而后意诚，意诚而后心正，心正而后身修，身修而后家齐，家齐而后国治，国治而后天下平。

自天子以至于庶人，壹是皆以修身为本。其本乱而末治者否矣。其所厚者薄，而其所薄者厚，未之有也。此谓知本，此谓知之至也。

大学问（译文）

有人请教："《大学》一书，过去的儒者认为是成为'大人'的道理。我冒昧地向您请教，大学之道的重点为什么在于'明明德'呢？"

王阳明回答说："'大人'，视天地万物为一体，视天下之人为一家，视中国万民为一人。如果有人按照形体来区分你和我，这还是'小人'的境界。大人能够将天地万物视为一体，并不是他们有意去那么做，而是他们心中的仁爱本来如此，这种仁爱跟天地万物是一体的。岂止大人，就是小人的心也没有不是这样的，只是他们自己把心量变窄小了而已。所以看到一个小孩儿要掉进井里时，大人必会自然而然地生起惊惧和恻隐之心，这就是说他的仁爱跟孩子是一体的。孩子还是同类，当遇到鸟兽悲哀地鸣叫、恐惧地颤抖时，大人必会产生不忍之心，这就是说他的仁爱跟鸟兽是一体的。鸟兽还是有知觉的动物，而当看到花草和树木被践踏和折断时，大人必然会产生怜悯体恤之心，这就是说他的仁爱跟花草树木是一体的。花草树木还是有生机的植物，而当看到砖瓦石板被摔坏或砸碎时，大人必然会产生惋惜之心，这就是说他的仁爱跟砖瓦石板也是一体的。这就是一体之仁，即使在小人的心中也必然存在。这根植于天命之性，自然光明而不暗昧，所以被称作‘明德’。”

“小人的心已经被分隔而变得狭隘鄙陋了，然而他那一体之仁还不会黯然失色，这是因为还有心没被私欲所驱使、蒙蔽的时候。等到心被私欲驱使、蒙蔽，利害产生了冲突，愤怒溢于言表时，他就会损物害人、无所不用其极，甚至残害骨肉亲人，这时，内心本具的一体之仁就不见了。因此，如果没有私欲障蔽，即使是小人的心，它那一体之仁跟大人也是一样的；一旦有了私欲的障蔽，即便是大人的心，也会像小人之心那样被分隔而变得狭隘卑陋。所以说致力于‘大人之学’的人，也只是去除私欲的障蔽来明白明德的修养，恢复那天地万物同为一体的本然状态罢了，并不能在本体的外面去增加或减少什么内容。”

接着又问：“明明德确实很重要，可是为什么又强调‘亲民’呢？”

◆《孔子圣迹图之删述六经》·明·无款

曾子得孔子真传，著《大学》一文，但提出了“格物致知”却未作解释。王阳明悟得“致知”就是“致良知”，由此创良知之说。

王阳明回答说：“明明德，是立天地万物一体的‘体’（本体）；亲民，是通达天地万物一体的‘用’（运用）。所以明明德必然体现于亲民，而做好亲民才能做好明明德。所以爱我父亲的同时，也兼爱他人的父亲，以及天下所有人的父亲，做到这些，就确信我心中的仁爱同自己的父亲、他人的父亲以及天下所有人的父亲是一体的。真实认识到一体后，孝的明德才真正明白起来！”

“爱我的兄长，也爱他人的兄长，以及天下所有人的兄长，做到这些后，就确信我心中的仁爱同我的兄长、他人的兄长以及天下所有人的兄长是一体的。真实认识到一体后，孝悌的明德才真正明白起来！”

“对于君臣、夫妇、朋友，以至于山川鬼神、鸟兽草木也是一样，没有不通过真实去爱他们来达到一体之仁的，然后我的明德才没有不显明的了，这样才真正认识到天地万物本为一体。这就是《大学》所说的‘明明德于天下’‘家齐国治而天下平’，也就是《中庸》所说的‘尽性’。”

问：“既然如此，为何又要做到‘止于至善’呢？”

答：“‘至善’，是明德、亲民的最高准则。天命之性是纯粹的至善，它灵明而不暗昧，是至善的显露，是明德的本体，也就是‘良知’。至善的显露，表现在肯定对的、否定错的，遇到不同情境都能依当下的感受而显露出来，变动不居，本自天然，是百姓的伦理道德、社会的规矩教化的最高准则，不容许经由思虑谋划来增加或删减。稍微有一点经由思虑谋划的增加删减，那只是私心和小聪明而已，并非至善。如果不是将慎独（自己独处时也非常谨慎，时刻检点自己的言行）做到精益求精、一以贯之的人，谁又能做到如此地步呢？”

“后来的人因为不知道‘至善在吾心’，而是用自己掺杂私欲的心智向外界去揣摩测度，以为事事物物各有定理，因此掩盖了评判是非的标准，使简单道理变得支离破碎、四分五裂，人们的私欲泛滥而公正的天理灭亡，明德亲民的学养由此在天下变得无比混乱。大概过去有人想弄明白内心的明德，然而因为不知道止于至善，结果过于追求个人修养，最后流于虚罔空寂，而不去齐家、治国、平天下，佛、道二家中的流派多如此。过去有人想去亲民，然而由于不知道止于至善，而使私心沉溺于微末琐屑中，将精力消耗在玩弄权谋智术上，从而没有了真诚的仁爱恻隐之心，春秋五霸这些功利之徒就是这样的。这都是不知道止于至善的过失啊。”

“所以止于至善对于明德和亲民来说，就好比有规矩（圆规和曲尺）才能画好方圆，有尺度才能量好长短，有秤才能称好轻重。所以说，方圆不止于规矩，就失去了准则；长短不止于尺度，丈量就会出错；轻重不止于秤，重量就不准确；而明明德、亲民不止于至善，就会丧失掉根本。因此，用止于至善来亲民、明明德，这就是所谓的‘大人之学’。”

问：“‘知止而后有定，定而后能静，静而后能安，安而后能虑，虑而后能得’，这又在讲什么呢？”

答：“人们只是不知道‘至善在吾心’，因而从外界的事物去寻求，以为事事物物都有自己的定理，从而在事事物物中去寻求至善，所以人们对至善的认识众说纷纭，有矛盾分歧，而不知道求取至善有一个确定的方向。如今既然知道‘至善在吾心，不假外求’，这样志有定向，从而就没有众说纷纭、有矛盾分歧的问题了（此为‘知止而后有定’）。没有众说纷纭、有矛盾分歧的困扰，那么心就不会妄动而能静下来了（此为‘定而后能静’）。心不妄动而能安静，那么在日常生活中，就能从容不迫，闲暇安适，从而安于当下的处境了（此为‘静而后能安’）。能够安于当下的处境，那么只要有一个念头产生，只要有对某事的感受出现，它是属于至善的呢？还是不属于至善呢？良知自然会详细审视，精细观察，因而能够做到精心思考（此为‘安而后能虑’）。能够精心思考，那么他的选择会非常不错，他的处事都很恰当，从而就达到至善的境界了（此为‘虑而后能得’）。”

问：“‘物有本末’，早先的儒者以明德为本，以‘新民’为末（明朝科举阅卷采用程颐将‘亲民’解释为‘新民’的观点，以此为标准），这两者分别注重内修和外治，内外呼应。‘事有终始’，先儒以‘知止’为始，以‘能得’为终，这也是一件事情的首尾相顾、因果相承。如您所说，‘新民’应当为‘亲民’（王阳明认同古本《大学》的‘亲民’本义），是否跟先儒有关本末终始的说法有些不一致呢？”

答：“本末终始的说法，大致就是这样的。把‘亲民’解释为‘新民’，而说明德为本，亲民为末，这种说法也不是不可以，但是不应当将本末分成两种事物。树干称为本，树梢称为末，它们同属一个物体，因此才称为本与末。如果说成是两种物体，那么既然是截然分开的两种物体，又怎么能说是相互关联的本和末呢？‘新民’是让人民弃旧图新，去恶从善，与让自己去做亲民、爱民之事有差别，如此一来，明德和新民就是两件事情了。如果知道明明德要去亲民，亲民才能明明德，那么明德和亲民怎么能截然分开呢？先儒的说法大概是不知道明德、亲民本为一件事，因而虽然知道本末当为一物，却不得不区分为两种事物。”

问：“从‘古之欲明明德于天下者’到‘先修其身’，按照您的明德亲民说法去贯通，就能明白了。我还想请教，从‘欲修其身’到‘致知在格物’，这样的修为次序又该如何下功夫呢？”

答：“此处正是在详细说明明德、亲民、止于至善的功夫。所要修的身、正的心、诚的意、致的知、格的物，就是修身用功的条理脉络所在，虽然有所不同，但实际上只是一个东西。格、致、诚、正、修，就是在现实中运用条理脉络的功夫，虽然名字不同，但实际上说的只是一件事。”

“何为身？身是心的形体，心通过身来实践想法。何为心？心是身的灵明，心主宰着身。何为修身？为善而去恶。身体自己能为善去恶吗？一定是心里有为善去恶的想法，然后身体才有为善去恶的行为。所以，修身先正心。”

“然而心的本体就是性，性天生来都是善的，因此心的本体本来没有不正的。那怎么用得着去正心呢？因为心的本体本来没有不正的，但是意念产生之后，心中就有了不正的成分。所以凡是希望正心的人，必须在意念产生时检视、端正心念。若生一善念，就像喜爱美色那样去真正喜欢它；若生一恶念，就像厌恶极臭的东西那样去真正讨厌它。这样意念真诚了，心也端正了。”

“然而意念一经发动、产生，有的是善的，有的是恶的，若不及时区分它的善恶，就会将真假对错混淆起来，这样的话，虽然想诚意，却也做不到诚意。所以诚意在致知。”

“‘致’就是至、达到的意思，就像《论语》中‘丧致乎哀’的‘致’字，《易经》中说到‘知至至之’，‘知至’就是知道了，‘至之’就是要达到。所谓‘致知’，并非后世儒者所说的扩充知识的意思，而是指‘致吾心之良知’（达到我心本具的良知）。良知就是孟子所说的‘是非之心，人皆有之’。是非之心，不需思考、学习就能知是非，被称为‘良知’。这是天命赋予的属性、心的本体，是自自然然、光明、觉知的主体。凡是有意念产生的时候，我们心中的良知就没有不知道的。这是善吗？唯有我们心中的良知自然知道。是不善吗？也唯有我们心中的良知自然知道。这是谁也无法给予他人的那种性体。”

“虽然小人造作不善的行为，甚至达到无恶不作的地步，但当他见到君子时，也会不自在地掩盖自己的恶行，并极力地表白自己做的善事，由此可以看到，就是小人的良知也具有不容许他埋没的特质。如今若想辨别善恶，做到诚意，关键就在于按照良知的判断去行事而已。”

“为什么呢？因为当一个善念产生时，人们心中的良知就知道它是善的，如果此时不能真心诚意地去喜欢它，甚至反而背道而驰地去远离它，那么这就是把善当作恶，从而故意隐藏自己知善的良知了。而当一个恶念产生时，人们心中的良知就知道它是不善的，如果此时不能真心诚意地去讨厌它，甚或反而把它落实到实际行动上，那么这就是把恶当作善，从而故意隐藏自己知恶的良知了。像这样的话，那虽然说心里知道，但实际上跟不知道是一样的，那还怎么能够诚意呢？”

“如今对于良知所知的善意，没有不真诚地去喜欢的，对于良知所知的恶意，没有不真诚地去讨厌的，不欺骗自己的良知就能做到诚意了。然而要做到致良知，又怎能只是凭空说说呢？必然要在实事上格物。所以说，致知在格物。”

“‘物’就是事的意思，意念发动时必然和一件事情相关，意念所系缚的事被称作‘物’。‘格’就是正的意思，‘正其不正以归于正’。‘正其不正’，就是去恶。‘归于正’，就是为善。为善去恶是格字的内涵。《尚书》中有‘格于上下’‘格于文祖’‘格其非心’的说法，格物的‘格’字兼有其意。”

“良知所知之善，人们虽然真诚地想去喜欢，如果不在实事上做，不去做善事，那么就是没有做到格物，也没有做到诚意。良知所知之恶，人们虽然真诚地想去厌恶，如果不在实事上做，不去除头脑中的恶念，那么就是没有做到格物，也没有做到诚意。”

“如今遵循良知所知之善实实在在地去做好事，善的言行没有不尽善尽美的。在按照良知所知之恶实实在在地去除恶念，不做恶事，恶的言行没有不被去除干净的。如此反复格物致知，没有未格之物，良知没有缺少或被私欲遮蔽之处，就能达到至善境界了。然后我们的心就非常畅快，没有遗憾，达到自谦的状态，不自欺，也就能做到诚意了。”

“故说：‘物格而后知至，知至而后意诚，意诚而后心正，心正而后身修。’修身功夫的条理脉络虽然有先后次序，但是心的本体是唯一的，实在没有先后次序可分。虽然没有先后次序，但一定要用心努力去运用，不能有一丝一毫的欠缺。这格物、致知、诚意、正心的学说，阐述了尧舜的正统传授，是孔子教诲的心印所在。”

唤起回忆的路途

王阳明与弟子们依依惜别，而钱德洪、王畿舍不得老师，还要跟着多送老师几日。就这样，王阳明踏上了这夕阳的晚途。

没两日，王阳明到达钱塘，游览了吴山、月岩，他也再次来到钓台，回想起自己当年押着朱宸濠要去献俘之时，路过钓台而来不及登游。如今，自己军务在身，又兼具肺病、足疮，还是只能惆怅地望望罢了。想到这里，他不禁伤感地写下《复过钓台》：

忆昔过钓台，驱驰正军旅。
十年今始来，复以兵戈起。
空山烟雾深，往迹如梦里。
微雨林径滑，肺病双足胝。
仰瞻台上云，俯濯台下水。
人生何碌碌？高尚当如此。
疮痍念同胞，至人匪为己。
过门不遑入，忧劳岂得已。
滔滔良自伤，果哉末难矣。

人的生命，这么碌碌而过，忙到如大禹一般过门而不入，这是为了什么呢？人生的意义何在？想到因叛乱受苦的百姓，也就明白了生命的意义。那就是活出自己最高尚的品格，如圣贤一般念念系苍生。

王阳明从钱塘转而向西行，过衢州、常山，来到他熟悉的南昌。他的弟子、学生邹守益、欧阳德、魏良弼、魏良器、陈九川等三百多人在南浦迎接他。

这注定是一场回顾往昔的旅程，王阳明看见南昌城就在眼前，不禁想起当年平定宸濠之乱的英勇身影。他欣慰百姓又复业，但是也看到尚有这么多的穷苦百姓，心中充满了不忍。

众学生请王阳明讲学。盛情难却，王阳明在文庙的明伦堂讲授《大学》之旨，现场围得水泄不通。其中有一个叫唐尧臣的儒生，最开始不相信王阳明的学说，听闻他到了南昌，也凑热闹去迎接。当他看见几百个学生簇拥着他们敬爱的老师，惊讶道：“孔孟之后，居然还有这种景象？！”

等到听了王阳明的讲课，唐尧臣心中就已经没有了疑惑。他的同门魏良器、黄文明等打趣他说：“逃兵又来投降了？”唐尧臣只得耸肩笑笑，感叹：“只有阳明先生这么一个大捕快才能降住我，你们可没这个能耐喔。”

从南昌开始往南走，抵达吉安，又有数百名儒生在此地的螺川驿迎接他。王阳明又开始讲学，他提醒道：“尧、舜这样的圣人，尚且兢兢业业，下得笨工夫。我们本身就资质平平，若还是一天到晚悠悠荡荡，却想要坐享成功，岂不是误人误己？”

◆《浔阳送别》·明·唐寅

最是离别诉衷肠。

与吉安学子临别时，他嘱咐道：“工夫只是简易真切，愈真切，愈简易；愈简易，愈真切。”十一月，王阳明翻越南岭，经肇庆，抵达广西梧州，开始处理军政事务。

招抚

在明朝初年，广西田州的大土司岑伯颜归顺了当时已经统一全国的明太祖朱元璋。朱元璋没有费太大劲就收归了广西部分地方，也十分高兴，鉴于岑氏在当地的名望，就封岑伯颜为田州府土官知府。“土官”的意思是被赐封的世袭的官员，一般都是之前当地的统治者。

岑家有两个后代分别继承土官职位：岑溥，继承田州府土官知府；岑濬，继承思恩府土官知府。岑溥有两个儿子：岑猇、岑猛。岑猇杀了父亲岑溥，想要夺权，却被官兵击败被杀，因此岑猛继承了田州府土官知府。随后，岑猛和岑濬都想侵占对方的土地，发兵打了起来。岑濬占了上风，占领了田州府。都督御史潘蕃领兵击败了岑濬，改思恩府的土官为流官（“流官”，是相对于土官而言，不再世袭，而是有一定任期，期满调离），并兼管田州府，而岑猛则被降为福建平海千户。

岑猛并不满意自己的千户职位。刘瑾当权之时，他依靠贿赂刘瑾，获得田州府同知职位（同知是知府的副职），恢复了一些实权，后来开始逐步侵占临近州府的土地。嘉靖五年（1526），朝廷派姚镆发兵征讨岑猛。

岑猛被姚镆击败后逃跑，他的部下和士兵们也都四散逃入山林。岑猛有两大部下：卢苏和王受。他们经过努力，召集了一些窜逃的同伴，囤聚在一起，势力有所壮大。他们本想等岑猛回来，但是却听到岑猛在逃亡途中被杀的消息，姚镆扬言要将他们剿灭殆尽，还使用离间计，想要卢苏、王受互相残杀。因此，本来也不想犯上作乱的二人，出于对朝廷的极度不信任，起兵叛乱，还攻陷了思恩府。这次，姚镆却没有击败这二人。于是，朝廷怪罪下来，批准了姚镆的辞职，派王阳明接任。

王阳明到了梧州之后，将多方搜集来的思田情报加以梳理，得出了自己的征抚策略，完成《赴任谢恩遂陈肤见疏》，上呈朝廷。

开门见山，王阳明指出岑猛父子论罪当诛，但事态发展到这个地步，当事各方也各有责任。

第一，两广总督一职专门为平定断藤峡、八寨盗乱及流贼匪患而设，但历届总督多守旧怠惰，使军纪松弛，一有紧急事态，必须倚靠土官、狼兵（广西土官组建的地方武装，不隶军籍，彪悍武勇），因此岑猛等土官才凭恃兵力、桀骜不驯。官府年年调发狼兵，战功又归于官府，甚至有官员贪腐，导致土官狼兵疲惫征战之余，对朝廷颇有怨言，以致有今日之祸。

第二，岑猛父子已诛，卢苏、王受等万余手下无罪，但官府却耗竭两省之财，发动三省之兵，非要赶尽杀绝，既激起了叛乱，也扰乱了百姓们的生活，未来更大规模的民变已经有了征兆。

第三，姚镆发兵太早，一副务求赶尽杀绝的姿态。卢苏、王受等人为了保命而齐心协力，以致久攻不下。

基于此，王阳明提出治乱之策——招抚。宽恕卢苏、王受之罪，让他们改过自新。

王阳明佐证：听两广主管财政的官吏说，自用兵以来，已花费了不下数十万银两和数十万石粮米，现在梧州库藏已不满五万银两，所屯粮米已不足一万石了。这样算来，还能无止息地动用军队了吗？

听两省的百姓们说，改土官为流官反而给他们带来祸患。思恩府设土官之时，当地人每年出三千人当兵供官府调遣，而改成流官之后，从别处调来的官员每年却要从别地征兵数千以提防当地民众。思恩自从设立流官以来，十八九年来，反叛事件就有五六起。官府前后征剿，不知调集了多少士兵，花费了多少粮饷，误杀了多少良民。

王阳明最后提醒到，田州地处边境，且断藤峡、八寨盗匪盘踞，需要倚仗土官治理，兵强马壮，才能成为中土的屏障。

内阁收到奏疏，首辅杨一清草诏批复，准王守仁便宜行事，不要心存顾虑。得到诏书，王阳明与下属、当地官员紧密商讨，十多天后制定了招抚的具体策略。

随后，王阳明下令，尽撤从广东、广西、湖广等地调集来的士兵。数日之内，数万士兵解甲返乡。仅有湖广士兵数千，因归途遥远，留驻南宁、宾州，解甲休养，休整待发。

起初，卢苏、王受听闻朝廷派王阳明来接替姚镆，推测朝廷也没有必杀他们的命令，有归降的念头，日夜悬想，盼望着王阳明早些到来，替换掉姚镆。后来，见之前力主围剿他们的总兵等官员，都相继被朝廷召回，又见官府的士兵尽撤，其归降的念头更加强烈了。

嘉靖七年（1528）正月七日，卢苏、王受派遣手下黄富等十多人，先来到王阳明面前诉苦，希望得到朝廷宽恕。王阳明说朝廷也是怀疑他们有冤情，特地派他前来调查，既然本无反心，就给他们一个改过自新的机会。

王阳明让黄富等人带字牌给卢苏、王受。字牌上写明了要卢苏、王受在二十日内解散士兵，并亲自来他这里接受赦免。

卢苏、王受拿到字牌后，都欢欣鼓舞。撤守备，率领其兵民出发、前来归降。正月二十六日，他们抵达南宁府城下，分别屯兵为四营。第二天，卢苏、王受让手下将他们绑起来，带着几百名下属赴军门，哀号控诉，各自申述自己的冤屈，乞求免死，并说要竭力报国。

王阳明听了他们的申述，虽然有美化自己之处，但基本属实，也确有苦衷。不过，他们骚扰思恩、田州等地两年有余，也必须有所惩罚，因此，王阳明做出了恩威并施的决定：下卢苏、王受于军门，各杖责一百。

杖刑完后，王阳明命其部下解开他们的缚绳，说：“今日宽宥你们死罪，这是朝廷的好生之德；杖责一百，这是代表朝廷执法必严。”众人皆叩首拜服。随后，王阳明也跟着卢苏、王受来到他们分驻的四个营地，安抚军民。众人没有不感激涕零的，都说朝廷如此待他们，必誓死以报。

就这样，不到两个月，王阳明就以和平的方式解决了思田之乱。

平毒寇，看狼兵

狼兵善战，强大的战斗力保持了很久。明朝末年，祖籍广西的袁崇焕调来六千狼兵死守山海关，抵御努尔哈赤的十三万铁骑。狼兵死守四日，最后努尔哈赤受伤撤兵，狼兵取胜。

现在，王阳明手握狼兵，指挥着四省兵马，军心可用，民心亦可用。虽然朝廷的平乱任务已经完成，但王阳明把目光又投向了自明朝开国以来就难以根除的匪患——断藤峡、八寨盗乱。

断藤峡和八寨这两个地方的贼寇，一直以来集结成群，月月都要劫掠州县乡村百姓，杀害良民，掳掠百姓的子女、牲口、财物。民众遭受荼毒冤苦，屡次向官府奏请，想要朝廷出兵剿灭他们，然而，官府一直以来的态度都是隐忍招抚，因为出兵没多少胜算。

明英宗天顺年间，都御史韩雍统兵二十万，竭尽全力攻破断藤峡贼巢，但撤兵没多久，流寇又聚集起来，居然攻陷了浔州城，据城作乱。韩雍再次领兵攻击，仍旧无法剿灭，贼寇反而更加凶恶，猖獗不已。

至于八寨的贼寇则更为凶狠，擅使毒箭，倚靠天险，抵御剿匪的官兵。明朝初年，名将韩观威震两广，率领数万人马围困八寨，却没有攻破。后来与当地士兵合力攻击，也一无所获，反而被八寨诸贼频繁骚扰。明宪宗成化年间，土官岑瑛带狼兵深入，仅斩获两百贼人，却不能动摇贼寇根本。

王阳明知道，眼下是破贼的好时机，因为贼寇们都很懈怠。断藤峡贼首胡缘二在王阳明率军到来之际，就派人将家属、牲畜等迁往大山深处，而自己和其他部下各自率领党徒时刻戒备，但后来，探子回报，王阳明要回南京驻扎，也没有听说要剿匪的消息，不见调兵和集粮，湖广士兵也在准备各回本省，尘埃似乎落定，因此逐渐放松了警惕和戒备。

哪知王阳明“暗渡陈仓”。嘉靖七年（1528）四月二日，他趁湖广士兵回乡之便，派部下汪臻、吴天挺、翁素等分兵快速抵达断藤峡贼巢附近。官兵突然出现，四面围攻，使得断藤峡的贼寇们惊慌失措，但是，匪寇毕竟骁勇彪悍，面对汹汹而来的官兵，拼死搏斗。官兵奋不顾身，左右冲击，硬抗箭矢飞石，厮杀数回合，终于挫败了敌贼的锋芒。

剩下的贼寇复占据仙女大山，各路兵马围追堵截，攀山缘崖仰攻，于四日攻破。五日，官兵继续击破石壁、大陂等贼巢。余贼奔至断藤峡、横石江边，因为追兵的逼迫，他们争相渡江，溺死了六百多人。官兵过了江，继续追捕。十日，除极少数的漏网之鱼逃窜到了偏远巢穴外，断藤峡的匪徒已经清剿殆尽。

十一日半夜，各哨官兵于磐石、大黄江、乌江口等处登岸，进剿仙台、花相、白竹、古陶等处，然后汇合。当地的贼寇听说断藤峡的贼巢被破，于是据险自固，贼首黄公豹、廖公田等各率党徒，沿途设埋伏。官兵骤进，奋勇夹击，争先冲锋，击败了这些地方的贼党。一路追杀，余贼所剩无几。

将要进军八寨了，王阳明一面派遣林富等将领带兵前行，一面让卢苏、王受率狼兵进发。为了避免打草惊蛇，两军乘夜色迅速前行，经过村寨，寨里的人都不曾察觉。二十三日黎明，汇合的人马突破石门天险，八寨的把守贼人这才警觉，以为是兵从天降，震惊之余到处逃窜。官军趁其不备极速猛击追斩，贼人们且奔且战。快到中午时，八寨的头目聚集起两千多贼人，手执镖枪，身背毒箭，呼拥抵抗，极其猛悍。士兵们毫不畏惧，鼓噪前行，声震山谷。官军势盛，贼寇不能支撑，四散而去。

一波流窜的贼人奔入险峻高山，官军分道追击围剿，从下方仰攻，被滚木礌石所阻，死伤颇多。最后，官军寻得小路，半夜攀登潜行，剿灭了措手不及的贼人。

其余贼寇往远处奔逃，官兵追到横水江，贼众已上船离岸，士兵无法追击。一时找不见船只的将士们气得咬牙切齿，眼睁睁看着贼寇乘船远去。就在这时，狂风大作，水面顿起波涛，贼船舟小人多，一艘艘都翻了！最后挣扎着游到岸边的贼人不过五分之一。风起雨落，官兵见此情景，也就回了军营。天晴后，官兵们分头入山搜剿，虽然没找到余贼的身影，但是他们也成不了气候了。

自明朝伊始就为害一方的悍匪，终于被王阳明剿灭。为防止匪患复起，王阳明在断藤峡、八寨旧时的贼巢天险设县、卫所，杜绝匪患复生。这些举措为这里带来了很久的和平。

终章

此心光明，亦复何言

王阳明往年在江西就患了肺病，一直未痊愈。入广西之后，暑热炎毒令他咳嗽加重，随行医生因自己水土不服而告病辞归，王阳明也不敢轻易服药。平乱之后，他的病情愈发严重了。

王阳明退居到山林休养，虽稍得清凉，但病情依旧没有任何好转。一遇到暑热，就病情复重，日夜咳嗽，吃不下饭，常常只能强吞几匙米粥。

他强撑着病体上疏朝廷，请求准许自己回乡就医养病。他还写信给在朝中任职的黄绾等人，请他们为自己说明情况，但是，朝廷却迟迟没有答复。

王阳明自感身体越来越差，于嘉靖七年（1528）八月二十七日动身前往广州，准备在那里看病的同时，等待朝廷的回复，一旦得到批准，就立即返乡。

在去广州的路上，王阳明经过横州，伏波将军马援的祠庙坐落于此。回想起自己十五岁时在梦中拜谒伏波将军，那是他的偶像。转瞬之间四十二年过去，世事变幻无常，那梦却依旧清晰。想来，自己和马援一样，都为平定叛乱、巩固河山而鞠躬尽瘁，不免心生感慨。

他拖着病痛的躯体，入祠庙恭敬地拜谒伏波将军的塑像和牌位，挥笔写下《谒伏波庙》：

四十年前梦里诗，此行天定岂人为！
徂征敢倚风云阵，所过须同时雨师。
尚喜远人知向望，却惭无术救疮痍。
从来胜算归廊庙，耻说兵戈定四夷。

广州增城知县朱道润建了忠孝祠，以纪念王阳明的六世祖、在增城为剿匪捐躯的王纲。王纲年过七旬带兵剿匪，不幸反被劫持。贼寇敬重王纲的德行，一连几日劝他入伙，王纲不从，惨被杀害。王阳明到达广州后就向北赶赴增城忠孝祠设祭拜谒。

祭拜礼毕，王阳明不忍离去，在忠孝祠逗留了数日，召集当地学子，在此讲学。他感慨道："增城，我的祖宗就义于此，也是我的挚友和兄弟湛若水的故乡，那也就是我的故乡了啊！"他在忠孝祠题下一首诗：

海上孤忠岁月深，旧壝荒落杳难寻。
风声再树逢贤令，庙貌重新见古心。
香火千年伤旅寄，烝尝两地叹商参。
邻祠父老皆仁里，从此增城是故林。

王阳明还造访了湛若水的老家故居，写下《书泉翁壁》：

我祖死国事，肇禋在增城。
荒祠幸新复，适来奉初蒸。
亦有兄弟好，念言思一寻。
苍苍蒹葭色，宛隔环瀛深。
入门散图史，想见抱膝吟。
贤郎敬父执，童仆意相亲。
病躯不遑宿，留诗慰殷勤。
落落千百载，人生几知音？
道通著形迹，期无负初心。

◆《山水扇面》·明·文徵明

王阳明比湛若水年轻六岁，二人于弘治十七年（1504）在北京相识。那时湛若水在翰林院任职，王阳明在兵部任职。他们都热爱圣贤思想，因而一见面就成为至交。王阳明向他人称赞湛若水："我遍求朋友于天下，三十年来，从未见到这样出色的人。"二人惺惺相惜，经常探讨学问，直至王阳明被贬龙场。正德五年（1510），王阳明回到阔别已久的北京，与湛若水每天一起学习圣人之道，并共同讲学。但是，王阳明与湛若水对圣人思想的认识存在差异。在湛若水看来，天理既有心中的德性之理，也有万物中的自然之理，认为王阳明对天理的认识不全面。二人各自讲学授徒，促进了明代心学的发展。学理的分歧并未影响二人的友谊，相交几十年来，两人的书信往来和诗歌唱和极多。后来王阳明病逝，湛若水还为他撰写了《阳明先生墓志铭》。

嘉靖七年（1528）十一月一日，王阳明已渐渐病入膏肓，他给朝廷的上疏，已经用了"乞骸骨"这三个揪心的字了。他举荐林富接替自己的职位。林富与王阳明颇有缘分，他字守仁，而王阳明名守仁。他因反对刘瑾而挨廷杖、入诏狱，与王阳明在狱中相识。林富于嘉靖元年（1522）任广西参政，后来被委以兵事，与王阳明一起招抚叛军、剿灭贼寇。将两广托付给林富，王阳明也心安了。

鸟飞返故乡兮，狐死必首丘。王阳明在上疏的那天，不等朝廷回复，就起身北还。他想在死前回到故乡，看看他晚年得来、才刚满三岁的亲生儿子，他想再见见亲戚和朋友，还有那些令他欣慰的门生弟子们。

十一月二十五日，王阳明路经南安，登舟之时，门生周积来见。王阳明起坐，咳喘不已，吃力地问："你近来学问做得如何？"

周积三言两语简略讲了讲在为官工作中致良知的情况，紧接着迫不及待地问道："老师您身体怎么样了？"

王阳明只说："病势危急，还未死，只是凭着一口元气了。"周积听后赶紧找当地最好的医生来诊断开药。

二十八日晚，船上，昏昏沉沉中王阳明问侍者："到哪里了？"

"青龙铺。"侍者回答。

第二天，王阳明召周积进船，周积在他身边站了很久，王阳明缓缓睁开眼睛看着他说："我走了……"

周积泣下如雨，问道："老师您有什么遗言吗？"

王阳明嘴角微微笑了笑，用尽他全部生命的风雨飘摇，留给世间最后的人生总结：

此心光明，亦复何言！

顷之，王阳明瞑目而逝……

就这样，一代儒家心学集大成者王阳明，走完了他跌宕起伏又无怨无悔的一生。

从祀孔庙，心学正名

弟子钱德洪和王畿正在上京参加殿试的路上，听闻丧讯，果断放弃殿试，讣告同门，匆匆返回为老师主持丧事。

十二月三日，王阳明众多的门生给他设祭入棺，于次日载着灵柩乘舟从南安发丧。一路上，给王阳明送行的士兵、百姓站满了道路，哭声久久回荡在江西大地之上。抵达赣州城，提都督御史汪鋐迎祭于道，士兵、百姓亦沿途痛哭。二十日至南昌，巡按御史储良材，提学副使、门生赵渊等请求灵柩到明年再行，让士民得以朝夕哭奠。

嘉靖八年（1529）正月初一，灵柩从南昌启程。据记载，连日逆风，舟不能行，赵渊向灵柩拜了三拜，说："先生您还留恋南昌的百姓不肯走吗？家乡那些子弟门人，已经等候您多时了。"忽变西风，舟船直奔家乡。

王阳明被安葬于洪溪（今绍兴兰亭镇洪溪）。下葬当天，上千门生披麻戴孝，在灵柩前恸哭。从四方赶来参加葬礼的人，无不涕泪交加。

朝廷方面，世宗对待王阳明是十分苛刻的。当初王阳明"乞骸骨"的奏疏送达世宗手上，世宗读了很生气，说："王守仁受国家重托，现在居然找这些理由辞职，不等候朕的旨意，这不是大臣侍奉君主该有的行为。如果朕现在批准了他这个奏疏，怕就有人效仿，有误国事。”

当王阳明的讣告传到京城后，大臣桂萼居心叵测地参奏，说王阳明擅离职守，处置思、田、八寨又恩威倒置，甚至诋毁擒拿朱宸濠是冒领军功。

桂萼还召集诸大臣议论王阳明功过，说：“王守仁立异说来邀名，传习门生，悖谬日甚，而鉴于其又有军功，则功过相抵。爵位可以保留，但是其邪说必须禁止。”

世宗对此表示同意，说：“已经封的爵位，可以承认，既然他亡故，此爵位就不再继承了。其学说则命令都察院拟定禁约颁布，不许继续传播邪说，坏了人心。”

王阳明的挚友湛若水进京当面叩问桂萼：“外面都说给王阳明定的功过和诋毁都是由你一手操办的，对吗？”桂萼默不作声。湛若水后来说：“百年之后，妒忌他的人都死了，天理、人心终将复明，那时候历史自会有公论。”

黄绾上奏《明是非定赏罚疏》，论说阳明心学不可为禁学，乞求让新建伯的爵位世袭下去，并给予王阳明谥号，但是世宗没有答应。

给事中周延上疏说：“王守仁在刘瑾当权时候刚正不阿，又平定朱宸濠有功，还戡乱赣南、八寨等。现在陛下您就只因为说他‘擅离职守’而不看他平生的功劳，这可不是存国体而昭明公论的行为啊！”

世宗却下旨回复道：“王守仁的功劳与罪过，朝廷自有公论。朋党妄言，本来应该治罪，只是念在朝廷广开言路，就只调离你去外面任职。”遂将周延贬谪到太仓州当判官。

王阳明遍布全国的门生，都于各地建立祠堂、书院，或者刻印他的文集，以彰显他的德行操守、宣扬他的学说。

明世宗亡故后，明穆宗朱载垕即位。穆宗登基没多久，就有许多大臣向穆宗请求恢复王阳明的爵位，穆宗诏赠了王阳明新建侯的封号，谥曰“文成”。

后来，明神宗朱翊钧在大臣们的建议下，同意让王阳明，以及陈献章、胡居仁、薛瑄从祀孔庙。王阳明终于在离世五十余载之后，得到了朝廷的承认，一如朱熹生前，学说被叱为邪说，后来却被定为圣学一般。

回想阳明先生讲学的时候曾说：“我与诸位讲格物致知，日日如此，讲个一二十年都是如此。诸位听了我的话，切实去用功，那么听我讲一番，自然会感觉到长进一番。否则只是一场空谈，即便听了又有什么用？”

可惜，如今有志于探求心性、致良知的人已经很稀少了。

附录

—文选—

埋葬旅人，悲不自胜

——《瘗[1]旅文》

维[2]正德四年秋月三日，有吏目[3]云自京来者，不知其名氏，携一子一仆，将之任，过龙场，投宿土苗家。予从篱落间望见之，阴雨昏黑，欲就问讯北来事，不果。明早遣人觇[4]之，已行矣。薄[5]午有人自蜈蚣坡来，云一老人死坡下，傍两人哭之哀。予曰："此必吏目死矣。伤哉！"薄暮复有人来，云："坡下死者二人，傍一人坐叹。"询其状，则其子又死矣。明日复有人来，云见坡下积尸三焉。则其仆又死矣。呜呼伤哉！念其暴骨无主，将二童子持畚锸[6]，往瘗之。二童子有难色然。予曰："嘻！吾与尔犹彼也。"二童悯然涕下，请往，就其傍

①瘗：埋葬。

②维：句首发语词，无实意。

③吏目：古代掌管文书或佐理刑狱及官署事务的小吏。

④觇：探望，探视。

⑤薄：接近。

⑥将：带领。畚：簸箕。锸：铁锹。

山麓为三坎[1]埋之，又以只鸡饭三盂[2]，嗟吁涕洟而告之。曰：

【译文】

正德四年（1509）七月初三，有一个不知道姓名的吏目说他从京城而来，带着一个儿子和一个仆人，将去远地赴任，经过龙场，在一苗家投宿。我从篱笆间望见了他们，但是由于阴雨，天色昏黑，想要追去问他们从北方一路过来的经历，没能去成。第二天早上，我派人去探望他们，他们却已经离开了。接近正午时候，有人从蜈蚣坡来，说有一个老人死在了坡下，旁边有两个痛哭的人。我说："这必定是那个吏目死了。可悲啊！"傍晚，有人来报，说："坡下死了两个人，旁边一个人坐着叹气。"询问其情况，是吏目的儿子又死了。第三天，又有人来给我讲，看见坡下有三具尸体。这是仆人也死了。可悲啊！我念他们尸骨暴露于野外，无人收埋，于是要带两个童子拿着簸箕、铁锹，去埋葬他们，但是两个童子面露难色。我说："啊！我和你们的命运，不也和他们一样吗？"两个童子哀伤地哭泣，请求一起前往。我在旁边的山脚下挖了三个坑穴，将他们三位埋葬，又准备了一只鸡和三碗米饭，哀叹痛哭着祭奠他们。其词曰：

呜呼伤哉！繄何人？繄何人？吾龙场驿丞余姚王守仁也。吾与尔皆

---

①坎：坑穴，墓穴。

②盂：盛食物或液体的器皿。

中土之产，吾不知尔郡邑，尔乌为乎来为兹山之鬼乎？古者重去其乡，游宦[①]不逾千里。吾以窜逐[②]而来此，宜也；尔亦何辜[③]乎？闻尔官，吏目耳，俸不能五斗，尔率妻子躬耕可有也，乌为乎以五斗而易[④]尔七尺之躯？又不足，而益以尔子与仆乎？呜呼伤哉！尔诚恋兹五斗而来，则宜欣然就道，乌为乎吾昨望见尔容蹙然[⑤]，盖不任[⑥]其忧者？夫冲冒[⑦]雾露，扳援崖壁，行万峰之顶，饥渴劳顿，筋骨疲惫，而又瘴厉侵其外，忧郁攻其中，其能以无死乎？吾固知尔之必死，然不谓若是其速，又不谓尔子尔仆亦遽尔奄忽[⑧]也。皆尔自取，谓之何哉！吾念尔三骨之无依而来瘗尔，乃使吾有无穷之怆也。呜呼痛哉！纵不尔瘗，幽崖之狐成群，阴壑之虺[⑨]如车轮，亦必能葬尔于腹，不致久暴露尔。尔既已无知，然吾何能为心乎？自吾去父母乡国而来此，二年矣，历瘴毒而苟能自全，以吾未尝一日之戚戚也。念悲伤若此，是吾为尔者重而自为者轻也。吾不宜复为尔悲矣。吾为尔歌，尔听之。歌曰：

【译文】

悲伤啊！你们是谁？你们是谁？我是龙场驿丞余姚人王守仁。

---

①游宦：离家在外做官。
②窜逐：流放。
③辜：罪。
④易：交换，这里指断送了性命。
⑤蹙然：局促不安的样子。
⑥任：承受，经受得住。
⑦冲冒：冒着，正面迎接。
⑧奄忽：指死亡。
⑨虺：大毒蛇。

我和你们都是中原之人，我不知道你们是哪个郡县的人，怎么做了这里山中的鬼魂啊？古人不愿轻易离开故乡，做官在外奔波不超过千里。我因罪被流放到这里，是分所应当的，那你又是因为什么罪名呢？听说你是吏目，俸禄超不过五斗米，你就算带着妻子、儿子耕田种地，也能有这么多，为何要为了这五斗米来断送了自己的七尺之躯呢？这还不够，还搭上了你儿子和仆人的性命。伤心啊！你若是真的眷恋这五斗米俸禄而来到这里，就应该高高兴兴地上道赴任，那我昨天为何望见你面目局促不安，好像怀着沉重的忧虑？冒着水雾雨露，攀爬悬崖峭壁，行走于万峰之巅，饥渴劳累困顿，筋骨疲惫，瘴疠之气从体外侵入，忧郁又攻入内心，这能不死吗？我固然知道你必死无疑，但是没有想到会来得如此之快，也没料到你的儿子和仆人居然也紧接着死去。这都是你自取的，我又能说什么呢？我念你们三人的尸骨没人照料而来埋葬你们，竟然使得我产生了无穷的悲伤。痛心啊！倘若我不埋葬你们，那些幽崖中成群的狐狸、阴湿沟壑中如车轮大小的毒蛇，也必定会让你们葬身于它们腹中，倒也不至于久久地暴露在荒野。你们现在是已经没有知觉了，但是我又怎么能忍心如此对待你们呢？我离开父母、家乡和京城来这里，已经有两年了。经历了瘴疠毒气而能苟全性命，是因为我没有一整天是忧惧悲伤的。想来我今天如此悲伤，是因为我看重你们却没有顾及自己的健康。我也不适合再为你们感到悲伤，那我唱歌给你们听吧。歌曰：

连峰际天兮，飞鸟不通；游子怀乡兮，莫知西东。莫知西东兮，维天则同。异域殊方[①]兮，环海之中。达观随寓[②]兮，奚必予宫[③]？魂兮魂兮，无悲以恫。

【译文】

连绵的山峰连着天际啊，飞鸟也逾越不过。游子怀念家乡啊，却不知道家乡在东边还是西边。不知道东西方向啊，至少是在同一片天空之下。家乡和他乡虽然距离很远，但还是都在环绕九州的海洋中央。放宽心胸随遇而安吧，又何必一定要棺椁和坟墓？灵魂啊灵魂，不要悲伤恐惧啊！

又歌以慰之，曰：

与尔皆乡土之离兮，蛮之人言语不相知兮。性命不可期，吾苟死于兹兮，率尔子仆来从予兮。吾与尔遨以嬉[④]兮，骖紫彪而乘文螭[⑤]兮，登望故乡而嘘唏兮。吾苟获生归兮，尔子尔仆尚尔随兮，无以无侣悲兮。道傍之冢累累兮，多中土之流离兮，相与呼啸而徘徊兮。飧[⑥]风饮露，

①异域：他乡，指被贬谪之地。殊方：不在一个方向，指距离遥远。
②达观：观念豁达，开怀胸襟。随寓：随遇而安。
③宫：房屋，对于逝世的人言，指棺椁和坟墓。
④遨：遨游。嬉：嬉戏。
⑤骖：古代驾在车前两侧的马，这里用作动词，驾车。紫彪：紫色的老虎；文螭：有彩色花纹的螭龙；它们都是传说中的神兽。
⑥飧：吃。

无尔饥兮；朝友麋鹿，暮猿与栖兮。尔安尔居兮，无为厉于兹墟[①]兮。

【译文】

我又再作了一首歌来宽慰你们，歌曰：我与你都是背井离乡的宦游之人，西南民众的言语又不通。我对自己的性命也没有什么好期待的了，如若我也葬身此地啊，你就带着儿子和仆人来跟我一起吧。我与你们一同遨游嬉戏，驾驭、乘坐紫虎和彩龙拉的车子，登上神山回望故乡，唏嘘感叹。倘若我能够活着回归家乡，你的儿子和仆人还能追随你，不必因为没有同伴而悲伤。路旁墓冢累累，埋葬的多是被流放、离散的中原之人，你可以和他们一起呼啸徘徊。餐风饮露别受饥啊；白天与麋鹿为友，晚上与猿猴共栖。你们就安心居住在这里吧，不要在你们这墓地变成厉鬼危害人间了。

粗解

本文乃王阳明谪居龙场时，为三位素昧平生之人所写的祭文，被选入《古文观止》。之所以成为名篇，并非因文采斐然，而是因为王阳明将自己的身世命运与客死异乡的旅人命运交织到一起，谱写出一首哀悼死者又自怜身世的哀婉乐曲。

“同是天涯沦落人，相逢何必曾相识”。听到三人接连逝去的消息，想到自己和两个童子的命运和他们其实差不太多，王阳明不禁悲从中来，前去掩埋尸骨。每一个人最终都会归于尘土，王阳明为他们

①厉：厉鬼，这里作动词。墟：墓地。

哀痛的同时，也在为自己的命运扼腕叹息。

祭奠之时，王阳明开始了一连串的发问：你们是谁？为什么背井离乡来到这里，做了山中的鬼魂？你何苦为了这不足五斗米的俸禄，丢掉自己和儿子、仆人的性命？如果真的贪图这点微薄俸禄，你的脸上又为何满是愁容？旅途疲惫，外受瘴疠侵害，内受忧苦煎熬，又怎么能活下来呢？虽然带着责备的语气，但背后却是王阳明对三人离世的不忍和悲伤。

悲伤多时，王阳明为着自己的健康就此止住，以两首挽歌结束。第一首歌在宽慰，游子虽然客死异乡，但至少与故乡都在同一片天空下，同为四海所环抱，心胸豁达的话，随遇而安就很好了。这不也是王阳明在宽慰无法返回故乡的自己吗？第二首歌，王阳明安顿三人死后的“生活”。若自己葬身此地，就一起登上神山回望故乡；或是与来自中原的逝者一起徘徊，与麋鹿、猿猴一同栖息。王阳明此时已经开始想象自己可能会死在龙场了。

《古文观止》中，吴楚材和吴调侯评价道，“先生罪谪龙场，自分一死，而幸免于死。忽睹三人之死，伤心惨目，悲不自胜。作之者固为多情，读之者能不下泪？”王阳明在文中哀痛于三位旅人的悲惨命运，也自怜身世，共情同悲。没有华丽的文辞，读来却让人哀伤不已。

临考前的秘诀传授

——《示徐曰仁[①]应试》

君子穷达[②]，一听于天，但既业举子[③]，便须入场，亦人事宜尔。若期在必得，以自窘辱[④]，则大惑矣。

【译文】

君子的人生是穷厄困顿还是显赫发达，都是听从天意，但是，既然你选择去参加科举，那入场考试，这也是适宜的事情。如果想要本次考试一定考中，那只会让自己感到窘迫和羞辱，这就是大为迷惑的执念了。

---

①徐曰仁：徐爱，字曰仁，号横山，浙江余姚人，最早跟随王阳明的弟子之一，也是王阳明的妹夫。正德三年（1508）进士，官至南京工部郎中。《传习录》上卷十四篇语录是徐爱整理的。

②穷达：语自《孟子·尽心上》："穷则独善其身，达则兼济天下。"穷、达分别指穷厄困顿与显赫发达。

③业：从事、做某种行为。举子：这里指去参加科举考试。

④窘辱：感到窘迫和羞辱。

入场之日，切勿以得失横在胸中，令人气馁志分，非徒无益，而又害之。场中作文，先须大开心目，见得题意大概了了[①]，即放胆下笔，纵昧[②]出处，词气亦条畅。今人入场，有志气局促不舒展者，是得失之念为之病也。夫心无二用，一念在得，一念在失，一念在文字，是三用矣，所事宁有成耶？只此便是执事不敬，便是人事有未尽处，虽或幸成，君子有所不贵[③]也。

【译文】

入场考试之时，切记不要将考中考不中这种得失横于胸中，这会令你信心不足以及意志分散，不但没有益处，反而是大为有害的。写考试文章，先要打开自己的心眼，将题意审读得清清楚楚之后，就大胆下笔，这样纵然不太知道一些字句的准确出处，但文辞气韵是通畅的。现在有些人考试，志气局促不够舒展，就是患得患失带来的问题。一心不能二用，一念在得，一念在失，还有一个念头在考虑如何用字行文，这已经是三用了，那考试能成功吗？这就是做事情不够敬慎，没有用尽自己的全力，即使偶然幸运考中，但对于君子来说，这也不足为贵。

将进场十日前，便须练习调养。盖寻常不曾起早得惯，忽然当之，其日必精神恍惚，作文岂有佳思？须每日鸡初鸣即起，盥栉整衣端坐，

①了了：清楚明白。
②昧：不知道。
③贵：贵重、珍重。

抖擞精神，勿使昏惰。日日习之，临期不自觉辛苦矣。今之调养者，多是厚食浓味，剧酣谑浪[①]，或竟日偃卧[②]。如此是挠气昏神，长傲[③]而召疾也，岂摄养精神之谓哉！务须绝饮食[④]，薄滋味[⑤]，则气自清；寡思虑，屏[⑥]嗜欲，则精自明；定心气，少眠睡，则神自澄。君子未有不如此而能致力于学问者，兹特以科场一事而言之耳。每日或倦甚思休，少偃即起，勿使昏睡。既晚即睡，勿使久坐。

【译文】

进场考试前十日，便须调整作息、调养身体。一般来说，平时没有早起习惯的人，如果清晨参加考试的话，这天必定精神恍惚，写文章怎么会有上佳的构思呢？因此这类人必须考试前十日就开始在鸡鸣之时起床，洗漱、梳头、整理衣冠、端坐，抖擞精神，不要让自己头脑昏沉、行为懒惰。这样每天调整作息，临到考试就不会觉得辛苦难受了。再说调养身体，现在很多人都是吃辛辣荤食、狂喝酒、戏谑玩乐，有时甚至整整一天都躺着不起来。这样导致精神气息扰乱、神志昏聩，滋长了自傲之气，招来疾病，这又岂是调养精神的行为？所以，戒过量的喝酒吃肉，饮食清淡一点，则神气自然清爽；脑中少想些、减少思虑，除去不良的嗜好、欲念，则精神

①谑浪：戏谑玩乐。
②偃卧：躺着不起。
③长傲：滋长自傲之气。
④绝饮食：拒绝过量的吃与喝。
⑤薄滋味：吃味道淡薄的食物。
⑥屏：排除、除去。

自然明朗；稳定心气，少嗜睡，则心神自然澄清。从来没有不做到这些却能够致力于学问的人，现在我只是以考试一事而言罢了。每天感到疲倦想要休息的时候，稍微睡一会儿就起来，不要让自己蒙头大睡；到了晚上就应该早睡，不要久坐。

进场前两日，即不得翻阅书史，杂乱心目，每日止可看文字一篇以自娱。若心劳气耗[①]，莫如勿看，务在怡神适趣[②]，忽充然滚滚[③]，若有所得，勿便气轻意满[④]，益加含蓄酝酿，若江河之浸，泓衍泛滥，骤然决之，一泻千里矣。每日闲坐时，众方嚣然，我独渊默[⑤]，中心融融[⑥]，自有真乐，盖出乎尘垢之外而与造物者[⑦]游。非吾子概尝闻之，宜未足以与此也。

【译文】

进场前两日，不要再去翻阅典籍和史书，以免越看越乱了心、眼。每日只可看一篇好的文章来娱乐自己。如果看的东西会让自己心神劳累、精气损耗，那还不如不看，看的东西一定是愉悦心神、满足兴趣的。当突然感到体内充满生气，有灵感和领悟，千万不要

---

①心劳气耗：心神劳累、精气损耗。
②怡神适趣：愉悦心神、满足兴趣。
③充然滚滚：身心充满生气，灵感滚滚而来。
④气轻意满：轻浮、自满。
⑤嚣然：喧嚣的样子。渊默：沉静、沉默。
⑥融融：和乐，恬适。
⑦造物者：指天地，大化。

轻浮、自满，而应该更加含蓄、酝酿思绪，这就会让自己的思维仿佛江河泛滥，骤然决堤，洪水般的灵感就一泻千里了。每日闲坐之时，众人都喧哗吵闹，你独自要静默下来，心中和乐，自然是得到真正的快乐，这种精神状态就是出于尘垢之外，与造物者同游了。要不是你曾经听闻过这种精神境界，就不足以了解到这些。

粗解

本文写于正德二年（1507），乃是王阳明专门写给弟子兼妹夫徐爱，嘱咐他如何做好考前准备的文章，而徐爱也不负众望考中进士。这说明王阳明的技巧还是很实用的。

王阳明从自己应对科举考试的经验出发进行指导。他进士及第前，有两次落第经历，知道心态的重要。因此，王阳明开篇就宽慰徐爱，让他不要那么在乎考中与否的得失，心中总念挂着得失，会让自己在考试时紧张和分心，一心多用，无法专心，怎么能够成功？

接着，王阳明转向临考前的准备工作。从长时间（前十日）来看，考试当天需要早起，因此平时作息就要早睡早起；切勿错误调养，要饮食清淡，减少思虑，不贪睡，不贪图享受，保持心神安定。做好这些，才会神清气朗，状态良好。

从短时间（前两日）来说，王阳明嘱咐不要再花大力气去看书，因为重要的是以前的积累。在这两天稍微看看能愉悦自己心情的文章，这样酝酿灵感，才可能在考场上让灵感一泻千里，文章一气呵成。

跟从真我的老诗人

——《从吾道人记》

海宁董萝石[①]者，年六十有八矣，以能诗闻江湖间。与其乡之业诗者十数辈为诗社，旦夕操纸吟鸣[②]，相与求句字之工，至废寝食，遗生业。时俗共非[③]笑之，不顾，以为是天下之至乐矣。

【译文】

海宁县的董萝石，已经六十八岁了，他以能做诗闻名于江湖。他与同乡的十多位诗人成立了诗社，日夜吟诗作赋，相互学习探求字句如何更加精巧，以至于废寝忘食，遗忘了谋生的工作。当时俗人都非议和笑话他，但董萝石并不理会，认为现在这种生活是人间至乐。

嘉靖甲申春，萝石来游会稽，闻阳明子方与其徒讲学山中，以杖肩

①董萝石：董沄，字复宗，号萝石，晚号从吾道人，浙江海盐人。

②操：拿，抓在手里。操纸吟鸣：指吟诗作赋。

③非：非议，认为是错误。

其瓢笠诗卷来访。入门，长揖[①]上坐。阳明子异其气貌，且年老矣，礼敬之。又询知其为董萝石也，与之语连日夜。萝石辞[②]弥谦，礼弥下，不觉其席之弥侧也。退谓阳明子之徒何生秦曰："吾见世之儒者支离琐屑，修饰边幅，为偶人之状；其下者，贪饕[③]争夺于富贵利欲之场，而尝不屑其所为，以为世岂真有所谓圣贤之学乎，直假道于是以求济[④]其私耳。故遂笃志[⑤]于诗，而放浪于山水。今吾闻夫子良知之说，而忽若大寐之得醒，然后知吾向之所为，日夜弊精劳力者，其与世之营营[⑥]利禄之徒，特清浊之分，而其间不能以寸[⑦]也。幸哉！吾非至于夫子之门，则几于虚此生矣。吾将北面[⑧]夫子而终身焉，得无[⑨]既老而有所不可乎？"秦起拜贺曰："先生之年则老矣，先生之志何壮哉！"入以请于阳明子。阳明子喟然叹曰："有是哉！吾未或见此翁也。虽然，齿长于我矣。师友一也，苟吾言之见信，奚必北面而后为礼乎？"萝石闻之，曰："夫子殆以予诚之未积[⑩]欤？"

---

①长揖：拱手高举，自上而下行礼。
②辞：说辞，这里指说话口气。
③饕：贪婪。
④济：补益。
⑤笃志：专心一志，立志不变。
⑥营营：劳而不知休，忙碌。
⑦间：差别。寸：形容极小或极短。
⑧北面：古代卑、幼者是朝向尊、长者所在的北面而拜见；这里指拜师。
⑨得无：会不会。
⑩殆：大概，几乎。诚：诚意。未积：没有积累够，指还不够。

【译文】

嘉靖三年（1524）春，董萝石来会稽游玩，听闻王阳明正在会稽山给学生讲学，于是用手杖担着他的瓢勺、斗笠和诗卷来拜访王阳明。进门后，董萝石作长揖后坐到上座。王阳明认为他相貌气度不凡，而且年老，就对他很礼貌。一问，才知他就是董萝石，便与他聊到了晚上。谈论中，董萝石的口气越来越谦虚，对王阳明越来越谦逊，不知不觉地越来越靠近王阳明。董萝石离开后，对王阳明的弟子何秦说："我见到世间的儒生学问支离琐屑，用言辞修饰外表，作出来一副木偶的形状。更有品德低下者贪婪地争夺富贵名利。我不屑于这些人的行为，曾认为世上怎么会真有所谓的圣贤之学，只是一些想满足一己私欲的人假借道学之名罢了！因此，我专注于写诗，放浪于山水之间。如今我听了阳明先生的良知之说，忽然如大梦初醒一般，然后明白了我以前那些日日夜夜用尽精力、劳力的行为，与世上那些忙碌于追求功名利禄之徒，只是有些清浊的区别而已，本质上其中的差别是很小的。我很幸运啊！要不是拜访了阳明先生，我这一生怕是要虚度了。我要终身将阳明先生当作我的老师，老师他会不会因为我年迈而不允许我拜他为师呢？"何秦站起来向董萝石拜贺说："您的年纪虽老，但您的志向是何等的宏大啊！"于是，何秦去请示王阳明。王阳明感叹道："有这种事！我还没有见过这种老者。但是，毕竟他年长于我，老师和朋友都是一样的，如果我的学说能够被他信任，又何必要举行拜师之礼呢？"董萝石听后，说："老师他大概是觉得我的诚意还不够吧？"

辞归两月，弃其瓢笠，持一缣[1]而来。谓秦曰：“此吾老妻之所织也。吾之诚积若此缕矣，夫子其许我乎？”秦入以请。阳明子曰：“有是哉！吾未或见此翁也。今之后生晚进，苟知执笔为文辞，稍记习训诂[2]，则已侈然[3]自大，不复知有从师学问之事。见有或从师问学者，则哄然共非笑指斥若怪物。翁以能诗训后进，从之游者遍于江湖，盖居然先辈矣。一旦闻予言，而弃去其数十年之成业如敝屣[4]，遂求北面而屈礼焉，岂独今之时而未见若人，将古之记传所载，亦未多数也。夫君子之学，求以变化其气质焉尔。气质之难变者，以客气[5]之为患，而不能以屈下[6]于人，遂至自是[7]自欺，饰非长敖[8]，卒归于凶顽鄙倍[9]。故凡世之为子而不能孝，为弟而不能敬，为臣而不能忠者，其始皆起于不能屈下，而客气之为患耳。苟惟理[10]是从，而不难于屈下，则客气消而天理行。非天下之大勇，不足以与于此，则如萝石，固吾之师也，而

---

①缣：双丝的细绢。
②训诂：对字句作解释。
③侈然：骄纵、自大的样子。
④敝屣：破烂的鞋。语出《孟子·尽心上》：“舜视弃天下犹弃敝屣也。”
⑤客气：言行虚骄，并非出自真诚。
⑥屈下：屈居于人之下，按照文中的意思这是指能够放下身段虚心向他人求教。
⑦自是：自以为是，骄傲自满。
⑧饰：掩饰。敖：通“傲”，傲气。
⑨凶顽：凶暴愚顽。鄙倍：浅陋背理；倍，通“背”。
⑩理：天理，这里指良知。

吾岂足以师萝石乎？”萝石曰：“甚哉[①]！夫子之拒我也，吾不能以俟请[②]矣。”入而强纳拜焉。

【译文】

于是，董萝石辞别归乡。两个月后，他没有带着瓢勺和斗笠，而是拿着一匹缣来，对何秦说：“这是我的妻子织的。我的诚意就像这匹缣上的丝线那么多，老师会允许我了吧？”何秦又入屋请示。王阳明说：“有这种事！我还没有见过这种老者。现在的一些学生后辈，只要知道了如何拿笔写文章，稍稍记住一些训诂，就骄傲自大，不再知道跟从老师学习学问了。见到有人跟从老师学习，则哄然大笑，指斥他如怪物一般。董老先生能凭借作诗教诲学生，跟着他游学的人遍于江湖，可以说是前辈了。听我讲了一天，如扔破鞋一般抛弃他数十年成就的事业，屈尊来向我行拜师之礼，不要说是现在没有见过，就是在自古以来的记载中，也不常见。君子之学，目的在于追求改变自己的气质。人的气质难改是因为有言行虚骄的毛病，而不能屈居于人下求教学习，以至于自以为是地自欺，掩饰过错，滋长傲气，最后变得凶暴愚顽，浅陋背理。所以世间作为儿子而不孝的、作为弟弟不尊敬兄长的、作为臣子不忠于国家的，他们最开始都是不能够屈居于人下，而言行虚骄就是罪魁祸首。如果每个人都惟良知是从，屈于人下求教学习就不是难事，则

①甚哉：甚，厉害，严重；哉，表示感叹。这里是感慨王阳明拒绝态度的坚决。

②俟：等待，等候。请：这里指请求拜师。

傲慢之气自然消除而良知便会大行于世。不是天下特别勇敢的人，是不可能做到这样的。像董萝石这样的人，本来就已经是我的老师了。我怎么有能耐做他的老师呢？”董萝石说：“唉！老师您如此坚决地拒绝我，我不能够再在外面等待老师接受我的请求了。”于是，董萝石进入房内，强行让王阳明收下缣并拜他为师。

阳明子固辞不获[①]，则许之以师友之间。与之探禹穴，登炉峰，陟[②]秦望，寻兰亭之遗迹，倘徉于云门、若耶、鉴湖、剡曲。萝石日有所闻，益充然有得，欣然乐而忘归也。其乡党[③]之子弟亲友与其平日之为社者，或[④]笑而非，或为诗而招之返，且曰：“翁老矣，何乃自苦若是耶？”萝石笑曰：“吾方幸逃于苦海，方知悯若之自苦也，顾以吾为苦耶？吾方扬鳍于渤澥，而振羽于云霄之上[⑤]，安能复投网罟而入樊笼[⑥]乎？去矣，吾将从吾之所好[⑦]！”遂自号曰“从吾道人”。

【译文】

王阳明坚决推辞却没有成功，只好允许与他的关系介于老师和

---

①固辞：坚决推辞。获：指成功。

②陟：登高。

③乡党：同乡，乡亲。

④或：有的人。

⑤与上一句都是形容自己现在自得、奋发的状态。

⑥网罟：网。樊笼：关鸟兽的笼子。这两个词都是比喻俗世。

⑦从吾之所好：语出《论语·述而》：“富而可求也，虽执鞭之士，吾亦为之，如不可求，从吾所好。”

朋友之间。他们一起去探访禹穴，攀登香炉峰，登上秦望山，寻找兰亭的遗迹，游玩于云门、若耶、鉴湖、剡曲等他。董萝石每天都听讲，心中更加充实有所感悟，高兴得都忘了回自己家乡。他家乡的亲友、子弟和以前诗社的同伴，有的人讥笑他，有的人则写诗给他叫他回来，并且说："你都这么大把年纪了，为何要自己找这些苦受呢？"董萝石笑道："我刚刚庆幸自己逃离了苦海，也刚懂得怜悯你们的自讨苦吃。你们反而觉得我很苦吗？我刚在渤海上高扬背鳍，在云霄之上振翅高飞，怎么肯再次投入网罟与樊笼呢？你们走吧，我要跟从我内心的所好！"就自号"从吾道人"。

阳明子闻之，叹曰："卓[①]哉萝石！'血气既衰，戒之在得[②]'矣，孰能挺特[③]奋发，而复若少年英锐[④]者之为乎？真可谓之能从吾所好矣。世之人从其名之好也，而竞以相高[⑤]；从其利之好也，而贪以相取；从其心意耳目之好也，而诈以相欺；亦皆自以为从吾所好矣，而岂知吾之所谓真吾者乎！夫吾之所谓真吾者，良知之谓也。父而慈焉，子而孝焉，吾良知所好也；不慈不孝焉，斯恶之矣。言而忠信焉，行而

---

①卓：卓越，优秀，了不起。

②血气既衰，戒之在得：语出《论语·季氏》，指年龄已老，精力衰退，不要再去贪图什么了。

③挺特：超群特出。

④英锐：英明而勇于进取。

⑤相高：将自己看得高人一等。

◆《仿宋元山水册》·明·蓝瑛

笃敬[1]焉，吾良知所好也；不忠信焉，不笃敬焉，斯恶之矣。故夫名利物欲之好，私吾[2]之好也，天下之所恶也；良知之好，真吾之好也，天下之所同好也。是故从私吾之好，则天下之人皆恶之矣，将心劳日拙而忧苦终身，是之谓物之役。从真吾之好，则天下之人皆好之矣，将家国天下无所处而不当；富贵、贫贱、患难、夷狄，无入而不自得。斯之谓能从吾之所好也矣。夫子尝曰'吾十有五而志于学'，是从吾之始也；'七十而从心所欲，不逾[3]矩'，则从吾而化[4]矣。萝石逾耳顺[5]而始知从吾之学，毋自以为既晚也。充萝石之勇，其进于化也何有哉？呜呼！世之营营于物欲者，闻萝石之风，亦可以知所适[6]从也乎！"

【译文】

王阳明听后，感叹道："了不起啊！董萝石。虽然到了不需要再贪图什么的年纪，谁还能超群特出、奋发图强，就像恢复了少年时的英明和进取之心呢？真可以说是'从吾所好'了。世上的人跟从自己对名声的喜好，竞相将自己看得高人一等；跟从对利益的喜好，贪婪地相互争夺；跟从自己心意耳目的喜好，相互敲诈欺骗；他们也都自认为跟从了自己的喜好，可他们又怎知我所说的真我

①笃敬：笃厚敬肃。"言忠信，行笃敬"出自《论语·卫灵公》。
②私吾：私我，对应"真我"，指有私欲的自我。
③逾：越过，指违反、违背。
④化：化境，自然精妙的境界，极高的境界。
⑤耳顺：六十岁的代称。语出《论语·为政》："六十而耳顺。"
⑥适：往，归向。

呢？我所说的真我，就是指良知。父亲对孩子慈爱，儿女尽孝道，这是我所说的良知的喜好；不慈爱、不尽孝，这是良知所憎恶的。说话忠实诚信，做事笃厚敬肃，这是良知所喜好的；说话不忠实诚信，做事不笃厚敬肃，这是良知所憎恶的。所以对于名利、物质的喜好，是私我的喜好，天下人都憎恶；良知的喜好，是真我的喜好，天下人都喜欢。所以，跟从私我的喜好，则天下人都会讨厌你，你也将心力劳苦，事情却越来越糟糕，终身忧虑苦闷，就是所谓的被外在的物所拘役束缚了。跟从真我的喜好，天下人都会喜欢你，做关于家、国、天下的事，不会有什么处置不当的；身处富贵、贫贱、患难、夷狄之境，不会感到有什么不自得的。这才是所说的跟从自己的喜好。孔子曾说'我十五岁时立下了学习的志向'，这是跟从真我的起始；'七十岁顺从内心的想法、欲望，但是不会违反规矩'，这是达到了跟从真我的化境了。董萝石六十多岁才开始了解我的学说，没有认为时机已晚。增强董萝石的勇气，达到化境也是可以做到的吧？啊！世间忙碌于追求物欲之人，听闻董萝石的风采后，也就可以知道自己应该追随什么了吧！"

粗解

本文写于嘉靖四年（1525），乃是王阳明晚年归乡讲学后，为亦徒亦友的董萝石所作的传记。

文章开篇记叙了董萝石在见到王阳明之前的状态：年纪快要到七十，日夕作诗炼句。只是一个偶然的机会，他顺路拜访王阳明。结果，从白天聊到晚上，他被王阳明的良知之说所折服。他反省以前刻意避开功名利禄的行为，认识到自己和追求名利者相比，虽表面有所差异，但本质上都是在殚精竭虑去追求外在的事物，逐利者多在追求物欲的满足，自己不逐利但在求取清高的名声。经王阳明点拨，他才发现自己应该去致良知。他想要拜王阳明为师，但被委婉拒绝。

可没想到，两个月后，董萝石居然又来诚心拜师。王阳明感叹，这世上如他这般不在乎面子、甘于虚心学习的人很少了，并进而论证这种不良风气的原初就在于人的傲慢。王阳明见推辞不能，只好妥协，答应建立亦师亦友的关系。他们和其他学生一起游赏于山水之间，乐而忘归。董萝石家乡的人嘲笑他，让他回去，他却说自己刚刚挣脱苦海，怎么可能再回俗世去受束缚？要依从自己的内心度过晚年的时光，正所谓“东隅已逝，桑榆非晚”。董萝石还给自己取了一个号，叫作“从吾道人”。

最后一段，王阳明阐发了自己的议论，他用对比的方式，详细区分了什么是真我，什么是私我，阐述了什么是人生的化境。他写下这篇文章的目的，是想让更多的人知道董萝石的事迹，知道世间还有这般跟从真我而活着的人物，鼓励人们去追随良知，实现人生真正的价值。

朱熹晚年转向心学

——《朱子晚年定论》序

洙泗[①]之传，至孟子而息。千五百余年，濂溪、明道[②]始复追寻其绪。自后辩析日详，然亦日就支离决裂，旋复湮晦[③]。吾尝深求其故，大抵皆世儒之多言有以乱之。

【译文】

孔子之学，传到孟子就断了。一千五百年后，周敦颐、程颢才又追寻孔学的余绪。之后的学者辩论分析越来越详细，但学问也越来越支离破碎，孔学真意转而再次消失。我曾经探求过其中的原因，认为这大约是因为世间儒生的解说太多而扰乱了孔学真意。

守仁蚤岁业举[④]，溺志辞章之习。既乃稍知从事正学，而苦于众说

---

①洙泗：洙水和泗水，春秋时属鲁国地。孔子在洙泗之间聚徒讲学。因此后世常以“洙泗”代称儒学。

②濂溪：周敦颐，号濂溪。明道：程颢，世称明道先生。

③湮晦：埋没，消失。

④蚤：通“早”。业举：为科举应试而学习。

之纷挠疲尔，茫无可入，因求诸老、释，欣然有会于心，以为圣人之学在此矣，然于孔子之教间相出入，而措[①]之日用，往往阙漏无归[②]。依违往返，且信且疑。其后谪官龙场，居夷处困，动心忍性之余，恍若有悟。体验探求，再更寒暑[③]，登[④]诸《六经》四子[⑤]，沛然若决江河而放之海也。然后叹圣人之道坦如大路，而世之儒者妄开窦径[⑥]，蹈荆棘，堕坑堑[⑦]，究其为说，反出二氏之下，宜乎世之高明之士厌此而趋彼也！此岂二氏之罪哉？

【译文】

我早年为了科举学习，将志向沉溺于作文修辞、谋篇章法的学习。后来稍稍知道了要学习儒家正学，却苦恼于众人的说法纷纷扰扰令人疲惫，茫然找不到圣学的切入口，于是转而去探求道家、佛家的学说，欣然于心有所体悟，认为圣人之学就在道、佛学说之中了。但是，道、佛之学与孔子之学有出入，并且在解决日常生活问题上，感到道、佛之学往往有所缺漏，让人找不到归属感。后来我

①措：安放，安排。
②阙漏：缺失遗漏。无归：没有归属感。
③寒暑：寒冬与酷暑，指时间流逝，也可以指过了一年。
④登：登上，这里指与儒家经典印证。
⑤四子：这里指“四书”《论语》《大学》《中庸》《孟子》。
⑥窦径：洞穴和小路，比喻旁门左道。
⑦蹈荆棘，堕坑堑：踩踏荆棘，堕入坑谷，都是在比喻其学问陷入死胡同，走不上正道。

被贬官到龙场，居住在偏僻之地，处境困苦，动心忍性之余，恍惚有所感悟，又经过一年的亲身体验和孜孜探求，并与“六经”“四书”相互印证，自己的思想如同决堤的江河涌入海洋般豁然贯通了。然后，我感叹圣人之道坦荡如大路一般，而当世的儒生，妄自开创旁门左道，学问陷入荆棘、深渊，查究他们的学说，反而比道、佛之学下乘了。世间高明之士都厌恶学儒而去学道、佛，这难道是道、佛的过错吗？

间[①]尝以此语同志，而闻者竞相非议，自以为立异好奇，虽每痛反深抑[②]，务自搜剔斑瑕[③]，而愈益精明的确，洞然无复可疑，独于朱子之说有相抵牾[④]，恒疚于心。切疑朱子之贤，而岂其于此尚有未察[⑤]？及官留都，复取朱子之书而检求之，然后知其晚岁固已大悟旧说之非，痛悔极艾，至以为自诳诳人之罪不可胜赎[⑥]。世之所传《集注》《或问》之类，乃其中年未定之说，自咎[⑦]以为旧本之误，思改正而未及。

---

①间：有时。

②痛：尽情地，深切地，彻底地。反：反省。深：深深地，深刻地。抑：指压制自己的异说。

③斑瑕：斑点与瑕疵，这里比喻自己的异说，对于当时社会上的主流正统理学，他的心学思想就类同于白璧上的瑕疵，这是一种修辞说法。

④抵牾：抵触，矛盾。

⑤此：这里指理学思想。察：察觉到理学的漏洞。

⑥艾：割草，指改正。胜：尽。赎：用行动抵销、弥补罪过。

⑦咎：怪罪。

而其诸《语类》之属，又其门人挟[1]胜心以附己见，固于朱子平日之说犹有大相缪戾[2]者。而世之学者局于见闻，不过持循讲习于此，其于悟后之论，概乎其未有闻。则亦何怪乎予言之不信，而朱子之心无以自暴[3]于后世也乎？

【译文】

我以前有时候将我这些想法告诉有共同志向的朋友，听后他们都竞相说我的这种观念是错误的。我曾经也以为自己是在立异说，每次都在深切反省自己、压制自己的异说思想，致力于自己搜寻剔除自己的异论，但是自己的思想却越来越清楚明白，最后透彻到自己对其没有疑惑了。只是，我的这些思想与朱熹的学说有所抵触，一直愧疚于心，私下怀疑以朱熹的贤能，怎么没有察觉到理学的漏洞？等到我回到京城做官，再拿出朱熹的著作检阅查证，然后知道了朱熹晚年时候已经大悟自己的旧说是错误的。他非常痛心悔恨，以至于认为欺骗了自己也欺骗了别人，罪过很难完全弥补。世间所传的《四书集注》《四书或问》这些朱熹的著作，都是朱熹中年时候思想尚未完全成熟的未定学说，怪罪自己旧时著作的错误，想要改正过来却没来得及。而他的《朱子语类》这类著作，又是他的弟子夹带私心附会上自己的意见，本来就与朱熹平时所讲的学说有大相径庭之处。而当世的学者局限于自己的见闻，不过沿袭讲习这些旧

①挟：夹带。

②缪戾：错乱，违背。

③暴：暴露，让人知道。

说，对于朱熹晚年悟道后的定论，则没有听说过。这也难怪当世学者认为我的学说怪异而不相信，而朱熹想弥补过错的心没有办法让后世知道。

予既自幸[1]其说之不缪[2]于朱子，又喜朱子之先得我心之同然，且慨夫世之学者徒守朱子中年未定之说，而不复知求其晚岁既悟之论，竞相呶呶[3]，以乱正学，不自知其已入于异端。辄[4]采录而裒集[5]之，私以示夫同志，庶几[6]无疑于吾说，而圣学之明可冀矣。

【译文】

我庆幸自己的学说没有违背朱熹的思想，又惊喜于发现朱熹比我先领悟到我所领悟的东西，并感慨当世学者白白地固守朱熹中年未定的学说，而不再去寻求了解朱熹晚年所悟到的思想，还竞相喋喋不休结果扰乱了正学，却不知道自己已经陷入了错误的见地。因此，我就将朱熹晚年的言论摘抄辑集起来，私下出示给有共同志向的朋友看。但愿他们对我的学说没有疑惑，这样圣学的昌明光大就有希望了。

---

①幸：庆幸。
②缪：不相同，违背。
③呶呶：多言，喋喋不休。
④辄：就。
⑤裒集：辑集。
⑥庶几：希望，但愿。

粗解

这篇文章写于正德十三年（1518），乃是王阳明写下的《朱子晚年定论》的序言。《定论》正文中，王阳明摘录了朱熹晚年的书信文章，在序言中指出朱熹晚年就已经明白自己以前的学说有误，《四书章句集注》等都是中年还未确定的学说，想要改正却为时太晚，并惊喜于朱子晚年思想与心学一致，非常高兴。

《定论》如同一颗惊雷，在当时引起了巨大的反响，很多人极力批判，还有一些人表示支持。五百年后，学者们对此仍有争议。

序言开篇，王阳明用简洁的话语勾勒出他所认为的儒家道统脉络：孔孟之后中断，周敦颐、程颢等人重新寻找圣学源头。随后笔锋一转，指出那些多言而让学问支离破碎的学者，是他们扰乱了正学。

接着，他叙述自己因儒家学说众说纷纭，不知从何学起，因而求学于佛、道二家，被贬龙场之时方悟得儒学真意。由于王阳明相信以朱熹的贤能总不至于不理解儒家真意，因此他惴惴不安于自己的学说与朱子思想有差异。进而他提出疑问：以朱熹的贤明，怎么会没有察觉到自己学说的谬误？

后来，王阳明发现了一个重大秘密：原来朱熹晚年思想已经趋向于心学了！而世间所传的朱熹思想，要么是他中年不成熟的思想，要么是其弟子夹带的私货，使得他晚年思想淹没于历史中。王阳明将自己定位为拂尘者，拂去朱熹晚年思想的尘埃，向世人揭示这个秘密，于是摘录朱熹写给弟子的书信语句，加以论述而作此论。

在《定论》正文中，王阳明摘录了朱熹的“良心发现之微，猛省提撕，使心不昧，则是做工夫底本领”“向里存心求理”“此心此理端的在我”等语句，这些与“致良知”“心即理”的思想一致。他还摘录了“学问根本在日用间”“为学之要，只在着实操存，密切体认，自己身心上理会”“日前讲论，只是口说，不曾实体于身，故在己在人，都不得力”等语句，这与“知行合一”的思想不谋而合。

但是，反对声亦颇多。如，有人认为《朱子晚年定论》摘录的书信中，朱熹并没有对自己之前的学说内涵进行改动，说朱熹反省理学而转向心学，未免有断章取义、过度推理之嫌。

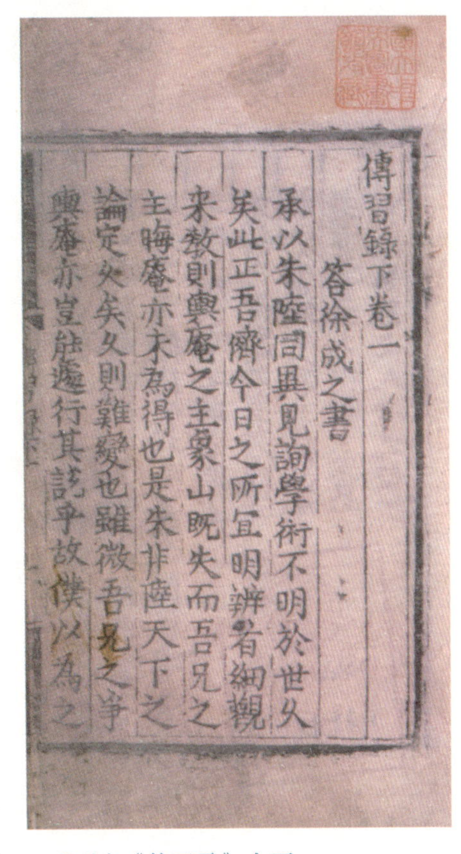

傳習錄下卷一

答徐成之書

承以朱陸同異見詢學術不明於世久矣此正吾儕今日之所宜明辨者細觀來教則輿庵之主象山既失而吾兄之主晦庵亦未為得也是朱非陸天下之論定久矣久則難變也雖微吾兄之爭輿庵亦豈能遂行其說乎故僕以為之

◆明刊本《传习录》内页

王阳明在《答徐成之书》中阐述了朱熹和陆九渊学说的异同。

后世学者对《定论》仍持不同意见，尚未盖棺定论。至于朱熹晚年是否达到转向心学的程度，大家见仁见智，好奇的读者可以阅读相关著作，自行作判断。

—《传习录》选—

语录一：儿童就能格物

门人有言，邵端峰论童子不能“格物”，只教以洒扫应对[1]之说。

先生曰：“洒扫应对就是一件物[2]。童子良知只到此，便教去洒扫应对，就是致他这一点良知了。又如童子知畏先生长者，此亦是他良知处，故虽嬉戏中，见了先生长者，便去作揖恭敬，是他能格物以致敬师长之良知了。童子自有童子的格物致知。”

又曰：“我这里言格物，自童子以至圣人，皆是此等工夫，但圣人格物，便更熟得些子，不消费力。如此格物，虽卖柴人亦是做得，虽公卿大夫以至天子，皆是如此做。”

【译文】

有弟子说，邵端峰认为儿童不能“格物”，只能教给他们洒水扫地、待人接物的道理。

---

①洒扫应对：古人八岁入“小学”，先学习洒扫应对，即洒水扫地、待人接物。

②洒扫应对就是一件物：王阳明解释，格物的“物”就是“事”的意思。洒扫应对是一件事情，也就是可以去“格”的一个“物”。

先生说："洒扫应对就是一件可以去'格'的'物'。儿童的良知只能到这个地步，就教他们去洒扫应对，让他们在洒扫应对的过程中致良知。又比如儿童知道敬畏师长，这也是他们良知的体现，所以即使在嬉戏玩耍，见到师长也会去作揖行礼，这是他们能格物致知，得到尊敬师长的良知了。儿童自有儿童的格物致知内容。"

先生又说："我这里说的格物，从儿童到圣人，都是这样的功夫。只是圣人格物，功夫更纯熟，不须费力气。就是卖柴的人也能做到这样的格物，即使是公卿大夫甚至于天子，也都是这样做。"

心得

格物的形式活泼多样，并不拘泥。"四句教"中总结，"为善去恶是格物"，洒扫应对虽然是古时小孩子学的课程，但这就是在"为善"，就可以做格物的功夫。

并非漫不经心地洒扫应对，草草了事，就是格物。格物一定要用心。同时，要去除私欲，因为私欲遮蔽了良知。做到这些才能感受到良知。无论老少、身份地位，在日常生活中用心去为善去恶、去除私欲，就是格物。

语录二：致良知很简单

庚辰往虔州[①]再见先生，问：“近来功夫虽若稍知头脑[②]，然难寻个稳当快乐处。”

先生曰：“尔却去心上寻个天理，此正所谓‘理障[③]’。此间有个诀窍。”

曰：“请问如何？”

曰：“只是致知。”

曰：“如何致？”

曰：“尔那一点良知，是尔自家底准则。尔意念着处，他是便知是，非便知非，更瞒他一些不得。尔只不要欺他，实实落落依着他做

---

①虔州：今江西赣江。赶来的弟子是陈九川。

②头脑：要旨，要领。

③理障：佛家用语，理障会阻碍正确的知见，由贪而生。《圆觉经》云：“善男子，一切众生由本贪欲，发挥无明，显出五性差别不等，依二种障而现深浅。云何二障？一者理障，碍正知见；二者事障，续诸生死。”这里陈九川应当是想去心上求理的想法太多，强烈的念头反而让他难以安心去感受良知。

去，善便存，恶便去，他这里何等稳当快乐！此便是‘格物’的真诀，‘致知’的实功。若不靠着这些真机，如何去格物？我亦近年体贴出来如此分明，初犹疑只依他恐有不足，精细看，无些小欠阙。”

【译文】

正德十五年（1520），弟子陈九川在赣州再次拜见先生，他请教老师：“近来我修学好像稍微掌握些要领，然而很难把心调整到安稳快乐的境界。”

先生说：“你却总想着要在心上寻找天理，这正是所谓的‘理障’。要突破，这当中有个诀窍。”

陈九川问：“请问是什么诀窍？”

先生说：“就是致良知。”

陈九川问：“如何致良知？”

先生回答：“你那一点良知，是你自己的准则。你的意念所关注的事情，事做得对，良知便知是对的，事做错了，良知便知是错的，一点都瞒不了良知。你只要不欺骗良知，踏踏实实地按照良知的指引去做，善念便存，恶念便去，这是何等的安稳快乐！这便是格物的诀窍、致知的实在功夫。如果不依靠这真正的要领，要怎么去格物？我也是近年来才体会得这样明白，刚开始还怀疑仅仅依靠良知恐怕还不够，精细观察后，才发现没有一丝欠缺。”

心得

孟子曰：“人之所不学而能者，其良能也；所不虑而知者，其良知也。”他举了例子，小孩子没有不知道要爱他父母的，等到长大一些，没有不知道要尊敬兄长的。王阳明据此讲道：“良知，不虑而知，不学而能。”

良知不是思考出来的，也不是学来的，它既不是情绪、情感，也不是头脑理性，而是每个人与生俱来的直觉。陈九川总想着去心上求理，强烈的头脑想法以及由此带来的情绪扰乱了内心，这样去感受内心反而很难感受到良知。当然，对“尔却去心上寻个天理，此正所谓‘理障’”一句，有不同解读，但毋庸置疑的是，下文王阳明对致良知的解读是重中之重。

良知乃“是非之心”，能“知善知恶”。王阳明在此讲解了良知发动的过程：在碰到事情的时候，良知就知道事情的是非善恶，我们的内心会有感受。

我们经常感受不到良知。即便有感受，很多时候我们自以为是良知的感受，实际上是受自己的想法、情绪等干扰过的，得到的不再是良知本意，所以说，需要立志用功去格物致知，才能达到我心本具的良知。

达到了我心本具的良知，不论身处多么危险的境地，良知都会给予你指引。这是王阳明在平定宁王之乱，被张忠、许泰、江彬等佞臣构陷，受到武宗怀疑试探，经历了多次生死考验之后，真切感悟到的。

语录三[①]：阳明串讲格物致知

先生曰："先儒解'格物'为格天下之物，天下之物如何格得？且谓'一草一木亦皆有理'，今如何去格？纵格得草木来，如何反来诚得自家意？我解'格'作'正'字义，'物'作'事'字义[②]。"

【译文】

先生说："以前的儒生解释'格物'为格天下的事物，天下的事物如何能够格得出来？就说这'一草一木也都有自己的道理'，怎么去格？纵然能够格出草木的道理，那又如何反过来让自己做到意诚呢？我解释'格'为'正'字的意思，'物'作'事'的意思。"

---

①本语录同《大学问》一样，都是对《大学》文章的阐述，需要先熟悉《大学》原文，尤其是"欲修其身者，先正其心；欲正其心者，先诚其意；欲诚其意者，先致其知；致知在格物"。

②正：正其不正以归于正，就是为善去恶。物：事，事情。王阳明在"四句教"中总结为"为善去恶是格物"。

“《大学》之所谓‘身’，即耳、目、口鼻、四肢是也。欲修身，便是要目非礼勿视，耳非礼勿听，口非礼勿言，四肢非礼勿动。要修这个身，身上如何用得功夫？心者，身之主宰。目虽视，而所以视者心也；耳虽听，而所以听者心也；口与四肢虽言、动，而所以言、动者心也。故欲修身，在于体当[①]自家心体，常令廓然大公[②]，无有些子[③]不正处。主宰一正，则发窍于目自无非礼之视，发窍于耳自无非礼之听，发窍于口与四肢自无非礼之言、动，此便是修身在正其心。”

【译文】

“《大学》中所说的‘身’，即耳目口鼻四肢。想要修身，就是要眼睛非礼勿视，耳朵非礼勿听，嘴非礼勿言，四肢非礼勿动。要修这个身，身上该如何下功夫呢？心，是身的主宰。眼睛虽然是用来看的，但是它之所以会去看是因为心；耳朵虽然是用来听的，但是它之所以会去听是因为心；嘴和四肢虽然是用来说和动的，但是它之所以会去说去动是因为心。所以想要修身，在于体会自己的心，让它远大广阔、大公无私，没有一点儿的不正之处。这个主宰一正了，那么眼睛自然非礼勿视；耳朵自然非礼勿听；嘴、四肢自然非礼勿言、非礼勿动。这就是修身的关键在于正其心。”

“然至善者，心之本体也，心之本体那有不善？如今要正心，本

①体当：体会。

②廓然：远大广阔的样子。大公：大公无私。

③些子：少许，一点儿。

体上何处用得工？必就心之发动处[①]才可着力也。心之发动不能无不善，故须就此处着力，便是在诚意。如一念发在好善上，便实实落落[②]去好善；一念发在恶恶[③]上，便实实落落去恶恶。意之所发既无不诚，则其本体如何有不正的？故欲正其心在诚意。工夫到诚意始有着落处。”

【译文】

“然而，至善就是心的本体。心的本体哪有不善的呢？如今要正心，如何从本体上下功夫呢？必定是要在心的发动处才可用力。心发动的意念会有不善的，因此需要在这意念上用力，这就是诚意。如果一个念头发动在喜好善上，那就实实在在去喜好善；如果一个念头发动在厌恶恶上，那就实实在在去厌恶恶。所发动的意念既然都是没有不诚的，那其本体又如何不正？所以想要正心就要先诚意。在诚意上下功夫，这才是着力用功的地方。”

“然诚意之本，又在于致知也。所谓‘人虽不知而己所独知’者，此正是吾心良知处，然知得善，却不依这个良知便做去，知得不善，却不依这个良知便不去做，则这个良知便遮蔽了，是不能致知也。吾心良知既不得扩充到底，则善虽知好，不能着实好了；恶虽知恶，不能着实恶了，如何得意诚？故致知者，意诚之本也。”

---

①心之发动处：按照王阳明的说法，心之发动处就是意念。

②实实落落：实实在在。

③恶恶：厌恶丑恶。

【译文】

“然而，诚意的根本又在于致知。所谓‘别人不知道而只有我自己知道’，这正是我心的良知。但是，知道善却不依照这个良知去做；知道不善却不依照这个良知不去做，那么良知就被遮蔽了，是不能够致知的。我心的良知既然不能扩展充实到底，则虽然知道善是好的，却不能着实去喜欢；虽然知道厌恶丑恶的，却不能着实去恶恶。这如何能够意诚？所以致知是诚意之本。”

“然亦不是悬空的致知，致知在实事上格。如意在于为善，便就这件事上去为；意在于去恶，便就这件事上去不为。去恶固是格不正以归于正；为善则不善正[①]了，亦是格不正以归于正也。如此，则吾心良知无私欲蔽了，得以致其极，而意之所发，好善去恶，无有不诚矣。诚意工夫实下手处在格物也。若如此格物，人人便做得。‘人皆可以为尧舜’，正在此也。”

【译文】

“但也不是悬空想象的致知，致知要在实事上去格。如果意在做善事，那就去做善事；意在去除恶念，就不做恶事。去恶原本就是正其不正以归于正，做善事是让以前的不善之事现在以做善事来改正，这也是正其不正以归于正。如此，我心的良知不被私欲所遮蔽，能够将良知扩充到极致，而意念的发动，喜欢善、去除恶，没

①为善则不善正：意思是让以前的不善，经过现在的做善事来改正。

有不诚的。诚意功夫着实下手的地方在格物。若是这样的格物，那人人都能去做，‘人皆可以为尧舜’的意思就在此。”

心得

本语录主要阐释了《大学》中的重要观点：“欲修其身者，先正其心；欲正其心者，先诚其意；欲诚其意者，先致其知；致知在格物。”王阳明的解读与《大学问》对应段落思想一致，可参照理解。

《大学》，叫人成为“大人”。王阳明讲，“大人”因仁爱而视天地万物为一体，这是“至善”的生命境界。要达到此境界，有八个条目，即“八目”。弟子记录下来的正是王阳明解释前五个条目：格物，致知，诚意，正心，修身。

修身在正心，因为是心主宰身体去做事情。正心在诚意，心的本体是纯然至善的，但是意念是有善有恶的，要在意念处为善去恶，这就需要诚意。诚意，就是要切切实实去喜好善、厌恶恶。达到“好德如好色”、疾恶如仇的地步，就是意诚了。

诚意在致知。良知，知善知恶，告诉我们如何判断善恶是非。致良知，我们才知道按照什么样的善恶标准来诚意。致知在格物。不可能凭空致良知，要切实去做事情，在做的过程中，去除私欲的蒙蔽，让良知开显。去做符合众人利益的善事，去倾听内心的良知对善的感受；面对、思考损害众人利益的恶事，去倾听内心的良知对恶的感受。如此一步步去格物、致知、诚意、正心、修身，不断提高自身修养，才能提升自己的生命品质。

语录四[1]：人心中都有个圣人

在虔与于中、谦之[2]同侍。

先生曰："人胸中各有个圣人，只自信不及，都自埋倒了。"

因顾于中曰："尔胸中原是圣人。"于中起，不敢当。

【译文】

在赣州时，我与于中、谦之一起侍坐陪伴先生。

先生说："每个人胸中都有一个圣人，只是因为认为自己达不到，都将这圣人给埋没了。"

于是看着于中，说："你胸中原本就是个圣人。"于中站了起来，说自己不敢当。

先生曰："此是尔自家有的，如何要推？"

①本语录由陈九川记录。

②于中：陈荣捷先生认为当是"子中"，夏良胜，字子中，与陈九川交往密切。谦之：邹守益，字谦之。

于中又曰：“不敢。”

先生曰：“众人皆有之，况在于中？却何故谦起来？谦亦不得。”于中乃笑受。

【译文】

先生说：“这是你自家就有的，推辞干嘛？”

于中还是说：“不敢当。”

先生说：“圣人是众人都有，何况是于中你。你却为何谦虚起来？谦虚是不需要的。”于中这才笑着接受先生对他的赞赏。

又论：“良知在人，随你如何，不能泯灭。虽盗贼亦自知不当为盗。唤他做贼，他还忸怩。”

于中曰：“只是物欲遮蔽。良心在内，自不会失。如云自蔽日，日何尝失了？”

先生曰：“于中如此聪明，他人见不及此。”

【译文】

先生又论说道：“良知在人身上，不管你是怎样的人，都不能够泯灭掉。即使是盗贼，也是知道自己不应该做盗贼，你叫他为盗贼，他还会羞愧。”

于中说：“只是被物欲给蒙蔽了。良知就在我们的内在，自然不会失去，就像是云遮蔽了太阳，但是太阳又何尝消失了？”

先生说：“于中如此聪明，他人见了也会觉得自己比不上。”

心得

灵训禅师参归宗，灵训问："如何是佛？"归宗禅师说："我告诉你，恐怕不相信。"灵训说："大和尚的开示，我岂敢不信？"归宗禅师说："你就是。"

如何是圣人？其实，就是我们每个人真正的生命，我们本自具足的良知。良知被私欲蒙蔽了，如同乌云蔽日，普通人不能时时感受得到，但是良知就在那里，待你拨云见日。

王阳明在《书魏师孟卷》中说："心之良知是谓圣。圣人之学，惟是致此良知而已。自然而致之者，圣人也；勉然而致之者，贤人也；自蔽自昧而不肯致之者，愚不肖者也。"致良知，是王阳明传授的成圣之道。致良知下的功夫不同，因而有圣俗之分。

当然，圣贤的境界亦有不同，王阳明了悟万物一体，无分别之心，已经达到非常高的境界了，但仍有更高的境界。南怀瑾先生说："王阳明没有大彻大悟，没有见道。他参禅破了第六意识，分别心不起了。第七识（末那识）影子都没摸到，第八识（阿赖耶识）更谈不上。换句话说，参禅他破了初关，什么是重关也不懂，更谈不上破末后牢关。"

语录五：知行合一

爱因未会先生“知行合一”之训，与宗贤、惟贤[①]往复辩论，未能决，以问于先生。

先生曰：“试举看。”

【译文】

徐爱因为没有领会到先生“知行合一”的教导，与宗贤、惟贤二人往来反复辩论，不能够决断，便向先生询问。

先生说：“你来举个例子看看。”

爱曰：“如今人尽有知得父当孝、兄当弟[②]者，却不能孝、不能弟，便是知与行分明是两件。”

先生曰：“此已被私欲隔断，不是知行的本体了。未有知而不行

①宗贤：黄绾，字宗贤。惟贤：顾应祥，字惟贤。

②弟：通“悌”，《说文解字》：“悌，善兄弟也”，即友爱兄弟姐妹。

者，知而不行，只是未知。圣贤教人知行，正是要复那本体，不是着你只恁[①]的便罢，故《大学》指个真知行与人看，说‘如好好色[②]，如恶恶臭[③]’。见好色属知，好好色属行，只见那好色时，已自好了，不是见了后又立个心去好；闻恶臭属知，恶恶臭属行，只闻那恶臭时，已自恶了，不是闻了后别立个心去恶。如鼻塞人虽见恶臭在前，鼻中不曾闻得，便亦不甚恶，亦只是不曾知臭。就如称某人知孝、某人知弟，必是其人已曾行孝、行弟，方可称他知孝、知弟。不成[④]只是晓得说些孝弟的话，便可称为知孝弟？又如知痛，必已自痛了方知痛；知寒，必已自寒了；知饥，必已自饥了。知行如何分得开？此便是知行的本体，不曾有私意隔断的。圣人教人必要是如此，方可谓之知，不然只是不曾知。此却是何等紧切[⑤]着实的工夫！如今苦苦定要说知行做两个，是甚么意？某要说做一个，是甚么意？若不知立言宗旨，只管说一个两个，亦有甚用？”

【译文】

徐爱说：“现在许多人都知道孝敬父母、友爱兄弟，但是，他们却不去做孝敬父母、友爱兄弟的事。这知与行分明是两件事了。”

先生说：“这是被私欲隔断，不是知行的本体了。没有知道却

---

①着：让。恁：如此，这样。

②好好色：喜好美好的容颜（美色）。

③恶恶臭：厌恶臭的气味。臭，此处泛指各种气味。

④不成：难不成。

⑤紧切：迫切。

不践行的，知道却不践行，只是还没有知道。圣贤教导人知行，正是要恢复那本体，不是让你只知道这样，所以《大学》指了一个真正的知行给人看，说‘如好好色，如恶恶臭’。见到美色，这属于知；喜欢美色，这属于行。只是见到美色就已经喜欢上了，不是见了之后才接着立一个心去喜欢。闻到恶臭，这属于知；讨厌恶臭，这属于行。只是闻到恶臭就已经讨厌了，不是闻到后才接着立一个心去讨厌。如果是鼻子塞住的人，即使恶臭在面前，鼻子闻不到恶臭，便也就不讨厌了，他也只是不知道恶臭。就像说某人知道孝敬父母、某人知道友爱兄弟，必定是这个人已经实践了孝和悌，才能够说他知道孝、知道悌。难不成如果一个人就只是知道说些孝悌的话，就能称他知道孝悌吗？又比如知道痛，必定是已经痛了才知道什么是痛；知道寒冷，必定是已经受寒了；知道饿，必定是肚子已经饿了。知行如何分得开呢？这就是不曾被私欲隔断的知行的本体。圣人教育世人，必定要这样，才可以称为知；不然就不能称为知。这是何等迫切着实的工夫啊！如今却苦苦定要说知行是两个东西，是什么意思？我要说知行是一个东西，又是什么意思？如果不知道立言宗旨，只是争论是一个东西还是两个东西，这又有什么用？”

爱曰：“古人说知行做两个，亦是要人见个分晓，一行做知的功夫，一行做行的功夫，即功夫始有下落[1]。”

①下落：着落，归属。

先生曰："此却失了古人宗旨也。某尝说知是行的主意，行是知的功夫；知是行之始，行是知之成[①]。若会得时，只说一个知，已自有行在；只说一个行，已自有知在。古人所以既说一个知，又说一个行者，只为世间有一种人，懵懵懂懂[②]地任意去做，全不解思惟省察[③]，也只是个冥行[④]妄作，所以必说个知，方才行得是；又有一种人，茫茫荡荡悬空去思一索，全不肯着实躬行[⑤]，也只是个揣摸影响[⑥]，所以必说一个行，方才知得真。此是古人不得已，补偏救弊[⑦]的说话，若见得这个意时，即一言而足。今人却就将知行分作两件去做，以为必先知了，然后能行。我如今且去讲习讨论做知的工夫，待知得真了，方去做行的工夫，故遂终身不行，亦遂终身不知。此不是小病痛，其来已非一日矣。某今说个知行合一，正是对病的药。又不是某凿空杜撰，知行本体原是如此。今若知得宗旨时，即说两个亦不妨，亦只是一个；若不会宗旨，便说一个，亦济得甚事？只是闲说话。"

【译文】

徐爱说："古人把知行说成是两个东西，也只是为了要人明白，一面是做知的功夫，一面是做行的功夫，有了功夫才会有着落

①成：结果。
②懵懵懂懂：糊涂，迷糊。
③思惟：思考。省察：检查，内省。
④冥行：黑暗中行走。
⑤躬行：亲自去做某事。
⑥影响：这里指空泛无据。
⑦补偏救弊：补救偏颇、弊端。

和归属。”

先生说：“这就失掉了古人的宗旨了。我曾经说知是行的主意，行是知的功夫；知是行的开始，行是知的结果。如果领会，只说一个知，就已经有行在里面；只说一个行，就已经有知在里面。古人之所以既说一个知，又说一个行的原因，只是因为世间有一种人，迷迷糊糊地任意去做，全然不去思考、内省，就如同在黑暗中行走、任意妄为，所以必须要先强调知，才能够行得正确。又有一种人，悬空现实、茫然地去思索，全然不肯去亲身实践，只是头脑中无据揣摩，所以古人才必须先说一个行，才能让他们知道什么是真正的知。这只是古人不得已为了补救偏颇和弊端来进行解释的话。如果能够明白这个意思了，那一句话就足够让人领悟，而现在的人却将知行分作两件事情去做，以为必须要先知，然后才行。我如今若是只讲习讨论做知的工夫，等到你们真的明白了知，再去做行的工夫，这样你们就会终身不行，也就终身不知。这不是小的毛病，其由来已非一天。我今天说这个‘知行合一’的学说，正是这个对症的药。我又不是自己穿凿附会杜撰出来的这个知行合一，而是知行原本就如此。如今若你们明白了这个宗旨道理，那么说他们是两个也无妨，因为你们本身已经懂得他们是一个；如果不明白这个宗旨道理，那么即使说他们是一个，又能补救什么呢？就只是当说个闲话罢了。”

心得

王阳明区分了什么是真正的知、行，什么是假的知、行。知与行是分不开的。与行相分离的知，不是真知，而是妄想；与知相分离的行，不是笃行，而是冥行。只是嘴上说说大道理却没做到，和浑浑噩噩不带着正确的见地去做事，这些都不是知行合一。

王阳明是从知行的本体领悟到知行合一的。什么是知行的本体？在其他的语录中记录着，“若是知行本体，即是良知良能”。本篇语录王阳明也讲，“知行的本体，不曾有私意隔断”“已被私欲隔断，不是知行的本体了”。因此，要真正做到知行合一，一定要去除私欲，一定要致良知。

王阳明讲知行合一，主要目的就是引导弟子们做好格物致知，不仅善念要落实于行动，恶念也要及时断除。在《传习录》另一段语录中，王阳明说：“今人的学问，把知与行分作两件事，所以有一个恶念发动，虽然不去做，但却不禁止这个恶念。我如今说知行合一，正是要人晓得意念发动之处就是已经实行了。意念发动有不善的地方，就要将这个不善的念头去除，必须彻底根除，使得不善之念不能在心中潜伏。”可见，恶念即便没有落实到言行中，也要及时根除，不能以为只要不做恶事就行了。因此，恶念当及时断除，不留祸根。

语录六：理如何从心上去求

爱问："至善只求诸心，恐于天下事理有不能尽。"

先生曰："心即理①也。天下又有心外之事、心外之理乎？"

【译文】

徐爱问："至善如果只向自己的心性去求，恐怕会遗漏天下事物中的至善道理啊。"

先生说："心即是理。天下哪里有心外之事、心外之理呢？"

爱曰："如事父之孝、事君之忠、交友之信、治民之仁，其间有许多理在，恐亦不可不察。"

先生叹曰："此说之蔽②久矣，岂一语所能悟？今姑就所问者言之。且如事父，不成去父上求个孝的理；事君，不成去君上求个忠的

①理：天理。朱熹用"天理"一词指代最高的道德准则。王阳明用心学思想重新诠释天理的含义，并提出"良知即天理"。
②蔽：遮挡，掩盖。

理；交友、治民，不成去友上、民上求个信与仁的理。都只在此心，心即理也。此心无私欲之蔽，即是天理，不须外面添一分。以此纯乎天理之心，发之事父便是孝，发之事君便是忠，发之交友、治民便是信与仁。只在此心去人欲、存天理上用功便是。”

【译文】

徐爱说：“如奉养父母的孝道、辅佐君主的忠诚、对待朋友的诚信、服务百姓的仁爱，其中有许多道理在，恐怕不能够不考察啊。”

先生叹气道：“这一说法已经蒙蔽世人很久了，怎么可能通过一句话就能领悟到？现在我姑且就你所问的问题来说。比如奉养父母，不是从父母身上探求到孝的理的；侍奉君主，不是从君主身上探求到忠的理的；与朋友交往、服务百姓，不是从朋友、百姓身上探求到诚信与仁爱的理的。这些道理都在你的心里，心即理！此心没有被私欲所蒙蔽，即是天理，不需要从外面添加一分一毫。自己的心达到纯粹都是天理的境界，发心去奉养父母时自然会孝，发心去辅佐君主时自然会忠诚，发心去与朋友交往、服务百姓时自然会诚信和仁爱。这只要用功在心上去除人的私欲、存养天理就行。”

爱曰：“闻先生如此说，爱已觉有省悟处，但旧说缠于胸中，尚有未脱然者。如事父一事，其间温凊定省[①]之类，有许多节目[②]，不亦

①温凊定省：《礼记·曲礼上》有云：“凡为人子之礼，冬温而夏凊，昏定而晨省。”凊：凉。定省：指早晚都向父母问安。

②节目：条目，按内容分列的细目。

须讲求否？”

先生曰：“如何不讲求？只是有个头脑[1]。只是就此心去人欲、存天理上讲求。就如讲求冬温，也只是要尽此心之孝，恐怕有一毫人欲间杂；讲求夏凊，也只是要尽此心之孝，恐怕有一毫人欲间杂。只是讲求得此心。此心若无人欲，纯是天理，是个诚于孝亲的心，冬时自然思量父母的寒，便自要去求个温的道理；夏时自然思量父母的热，便自要去求个凊的道理，这都是那诚孝的心发出来的条件。却是须有这诚孝的心，然后有这条件发出来。譬之树木，这诚孝的心便是根，许多条件便是枝叶，须先有根，然后有枝叶，不是先寻了枝叶，然后去种根。《礼记》言：‘孝子之有深爱者，必有和气；有和气者，必有愉色[2]；有愉色者，必有婉容[3]。’须是有个深爱做根，便自然如此。”

【译文】

徐爱说：“听到您这么说，我已觉得有了些省悟，但旧的学说还纠缠在我胸中，没有全部脱去。比如奉养父母这事，其中冬天为父母暖被窝、夏天给父母扇凉风、每天早晚向父母问安这些行为，有许多的礼节要求，难道不需要讲求吗？”

先生说：“怎么不讲求？只是需要有个要旨，就是从心上去除私欲、存养天理。比如冬天为父母暖被窝，只是要尽孝心，生怕有一丝一毫的私欲掺杂其间；夏天给父母扇凉风，也只是要尽孝心，

---

①头脑：要旨，要领。

②愉：愉悦的。色：脸色。

③婉容：和顺的仪容。

生怕有丝毫私欲掺杂其间。只是讲求能有此心。此心如果没有人的私欲，纯是天理，那就是个诚心孝敬双亲的心，冬天自然会考虑父母是否寒冷，怎么让他们保暖；夏天自然会考虑父母是否感到炎热，怎么让他们更清凉。这都是真诚孝顺的发心产生的礼节要求。先有真诚孝顺的心，然后才有了这些礼节要求。好比树木，这诚孝的心便是根，这些礼节便是枝叶，必须先有根，然后才有枝叶，不是先找到了枝叶，然后才去种树根。《礼记》说：‘凡是深爱父母的孝顺子女，家庭必然会和气；家庭和气的人，脸色必然愉悦；脸色愉悦的人，必然有和顺的仪容。’有深沉的爱作为根，便自然会孝敬双亲。”

心得

徐爱总被比作颜回，是个追求成就至善的圣贤品格的人。他早先学习朱熹对《大学》思想的解读，刚听到王阳明的讲解时，很是吃惊，有些怀疑，后来竭力思考，参照比较两个版本，并向王阳明请教，才明白王阳明已经步入圣人的境界，他的思想就算是百世之后出现的圣人也不会怀疑。

怎么成就至善品格？王阳明讲："至善在吾心，不假外求。"但是，至善只是从心中求就行了？那天下万事万物中难道没有蕴藏着至善的道理吗？困惑的徐爱向老师提问，于是有了这一连串的对话。

王阳明想让徐爱明白的是："心即理""此心无私欲之蔽，即是天理"，至善只是使自己的心达到纯粹都是天理的境界而已。朱熹用"天理"一词指代最高的道德准则，视天理为仁义礼智的总和，而王阳明认为，"良知即天理"，去人欲、存天理，也就是在致良知。

去人欲、存天理，出自《礼记·乐记》，其中说道："人化物也者，灭天理而穷人欲者也，于是有悖逆诈伪之心，有淫泆作乱之事。"这里所谓"灭天理而穷人欲者"就是指泯灭天理而为所欲为的人。朱熹认为，"圣人千言万语只是教人存天理，灭人欲"。这六个字，我们今天读来，感觉是要断除人的本能欲望，不近人情，不切合实际。其实，朱熹解释过，"饮食，天理也；山珍海味，人欲也；夫妻，天理也；三妻四妾，人欲也"，这是少欲知足，而非禁欲。王阳明讲去人欲、存天理，也是在少欲知足含义的层面上，强调去除人的私欲。

下功夫去人欲、存天理，心没有被私欲遮蔽，良知就会显现，至善品格就能逐渐成就。这就是格物致知的功夫。

另外，好的儒家礼节一定是符合天理、良知的。按照良知做事，自然会与正确的礼节要求相一致。

语录七：学习没长进，该怎么办

问：“知识不长进，如何[①]？”

先生曰：“为学须有本原，须从本原上用力，渐渐‘盈科[②]而进’。仙家说婴儿，亦善譬[③]。婴儿在母腹时，只是纯气[④]，有何知识？出胎后，方始能啼，既而后能笑，又既而后能认识其父母兄弟，又既而后能立、能行、能持、能负，卒乃天下之事无不可能。皆是精气日足，则筋力日强，聪明日开，不是出胎日便讲求推寻得来。故须有个本原。圣人到‘位天地、育万物’[⑤]，也只从‘喜怒哀乐未发之中’[⑥]上

①如何：怎么办。

②盈科：水充满坑坎，比喻打下坚实基础。

③仙家说婴儿：老子云：“专气致柔，能如婴儿乎？”善譬：好的比喻、比方。

④纯气：古代的神仙家、方士认为，婴儿最开始是由元气、精气凝聚而成的。

⑤位天地、育万物：语自《中庸》，“致中和，天地位焉，万物育焉。”大意是圣人与天同德，能使天地万物各安其位，万物生长繁育。

⑥喜怒哀乐未发之中：此处指良知，王阳明讲“良知即是未发之中”。语自《中庸》：“喜怒哀乐之未发谓之中，发而皆中节谓之和。”

养来。后儒不明格物之说，见圣人无不知、无不能，便欲于初下手时讲求得尽。岂有此理！”

又曰：“立志用功，如种树然。方其根芽，犹未有干；及其有干，尚未有枝；枝而后叶；叶而后花实。初种根时，只管栽培灌溉，勿作枝想，勿作叶想，勿作花想，勿作实想。悬想何益？但不忘栽培之功，怕没有枝叶花实？”

【译文】

有人问：“知识不长进，怎么办？”

先生说：“学习必须要有根本，必须要从这个根本上用力，才会打下坚实基础渐渐长进。仙家用婴儿打了个很好的比方。婴儿刚在母亲子宫里的时候，只是精气的集合，哪有什么知识？婴儿出生后才开始能啼哭，然后能笑，之后能认出自己的父母兄弟，在此之后才能站立、行走、拿东西、背东西，最后世上各种事情没有不能做到的。这都是因为精气越来越充足，筋骨、力量越来越强，智力日渐开启，这些都不是从娘胎里一出生就推求寻索出来的。因此说做事需要有个根本。圣人能够达到让天地万物各安其位、万物生长的境界，也只是从喜怒哀乐尚未产生的‘中’（即良知）中培养出来的。后代的儒生不明白‘格物’之说，见到圣人无所不知、无所不能，便想要在刚去做之时就讲求尽善尽美，哪有这种道理啊？”

先生又说：“立志用功，就像是种树。刚开始是只有根芽，尚未长出树干；等到有了树干，尚未有树枝；有了树枝后才有树叶，有了树叶后才会开花结果。最开始种树的时候，只管去栽种培养、浇水灌溉，不要去想树枝，不要去想树叶，不要去想开花，不要去想结果。这样的空想有什么好处？只要不忘了栽培的功夫，还怕没有枝叶花果吗？”

心得

有学生在学习践行格物致知等思想的过程中，发现自己没有长进了，因此来向老师请教。

王阳明回答，一定要把握住根本！那就是格物致知。必须要做好格物致知的功夫，要循序渐进。就像人的成长需要一个过程，婴儿不能一下子掌握各种知识技能、会做各种工作；树的成长也是如此，有了根芽、生出枝干，然后才能开花结果。王阳明强调，不要一开始就想要把事情做到极致，一蹴而就的事情是不可能的。一步一步扎实地去下功夫，自然会有回报。

语录八：别总挑人毛病

一友常易动气责人。

先生警[①]之曰："学须反己[②]。若徒责人，只见得人不是，不见自已非；若能反己，方见自己有许多未尽处，奚暇[③]责人？舜能化得象的傲[④]，其机栝[⑤]只是不见象的不是。若舜只要正他的奸恶，就见得象的不是矣。象是傲人，必不肯相下[⑥]，如何感化得他？"

是友感悔。

---

①警：警告，告诫。

②反己：反求诸己，反省自己。语自《孟子·离娄章句上》："行有不得者，皆反求诸己，其身正而天下归之。"

③奚：哪有。暇：空暇时间。

④舜能化得象的傲：传说象是舜的异母弟弟，其为人非常傲慢。舜虽然受了象、后母、父亲的很多陷害，但一直诚心去侍奉父母、友爱弟弟象，终于使得父母和象被感化，家庭和睦。

⑤机栝：弩上发矢的机件，比喻治事的权柄或事物的关键。

⑥下：屈居于其下，指服从，向某人低头。

曰："你今后只不要去论人之是非，凡当责辩人时，就把做一件大己私[①]，克[②]去方可。"

【译文】

有一个友人常常容易生气责备他人。

先生告诫他说："做学问需要反省自己。如果只是去责备他人，就只见到别人不好的一面，却看不见自己不好的一面；如果能够反省自己，才能看见自己也有许多不完美、不足之处，哪里还有空闲时间责备别人？舜能够感化象的傲慢，其关键就在于他不去理会象不对的地方。如果舜只是要去纠正象的奸恶，就是看到了象的不是之处。象是傲慢的人，必定不肯向舜低头，这如何能感化象呢？"

这个友人对自己以前的行为感到后悔。

先生说："你今后不要只去议论别人的是非好坏，凡是想要责备别人的时候，就把这当作是自己的私欲，把这个私欲克服就可以了。"

心得

舜的弟弟象和父母对舜特别苛刻。他的异母弟弟象傲慢自私，父亲顽固而粗暴，后母很坏，且父母都偏爱小儿子而不喜欢舜。虽然舜

①已私：自己的私欲。

②克：克服，除去。

尽量孝顺父母、友爱弟弟，结果还是被父母赶出家门，只好以做陶器为生。尧知道了舜的情况，经过考察，决心培养他，还把两个女儿嫁给舜。

弟弟象非常妒忌，鼓动父母谋害舜。他们让舜去修补粮仓的仓顶，在舜修补时，放火烧粮仓。舜双手拿着笠帽，像鸟儿张开翅膀一样跳下来，才脱离险境。他们又叫舜挖个水井，设计在舜挖井时活埋他。舜知道弟弟的用心，打井时横打出一个出路，死里逃生。

父母和弟弟虽然如此对待舜，舜却一直诚心去孝敬父母、友爱弟弟。后母眼睛失明，因缺乏医药，舜就抱着母亲的头，用舌头来舔母亲的眼睛。据说，“孝感动天”，母亲的眼睛竟然复明了。后来，父母和象终于被感化，一家人才团结和睦。

对于爱生气责备他人的学友，王阳明用舜的故事来告诫他，舜之所以能够感化傲慢的象，是因为他一直在反省自己，没有指责象的不是。将注意力放在改正自己的问题、提升自己修养的时候，哪有空挑别人的毛病、指责别人？舜凭借自己的德行，最终感化了象，改变了他的奸恶和傲慢。

语录九：“半夜不怕鬼敲门”

澄问：“有人夜怕鬼者，奈何[①]？”

先生曰：“只是平日不能‘集义’[②]，而心有所慊[③]，故怕。若素行合于神明，何怕之有？”

【译文】

陆澄问：“有人夜晚怕鬼，怎么办？”

先生说：“只是平日做事不合乎道义，心里有所亏欠，所以才怕鬼。如果平日为善去恶、德行合乎神明，又有什么好怕的呢？”

子莘[④]曰：“正直之鬼不须怕，恐邪鬼不管人善恶，故未免怕。”

①奈何：怎么办。

②集义：谓行事合乎道义。出自《孟子·公孙丑上》“是集义所生者，非义袭而取之也”，王阳明认为集义就是致良知。

③慊：同“歉”，亏欠。

④子莘：马明衡，字子莘。

先生曰："岂有邪鬼能迷正人乎？只此一怕，即是心邪！故有迷之者，非鬼迷也，心自迷耳。如人好色，即是色鬼迷；好货，即是货鬼迷；怒所不当怒，是怒鬼迷；惧所不当惧，是惧鬼迷也。"

【译文】

子莘说："正直的好鬼，不必怕；就害怕恶鬼，他才不管别人是善人还是恶人，所以未免害怕。"

先生说："哪里会有恶鬼能迷惑住正直的人的？只要心中一怕，那便是心中有邪念，所以会被迷惑。不是鬼迷住你，是心自迷而已。就像有人贪图美色，那是被色鬼所迷；贪爱财物，那是被贪财鬼所迷；不该发怒的时候发怒，这是被怒鬼所迷；害怕不该害怕的东西，这是被胆小鬼所迷。"

心得

"平生不做亏心事，半夜不怕鬼敲门。"多为善去恶，去格物致知、诚意正心，让自已心胸坦荡、不生邪念，心里没鬼，自然就不会怕鬼了。

王阳明还延伸开来，贪财、好色、不当的愤怒、恐惧，都是心不正的缘故。需要下功夫格物致知，把这些私欲从心中去除，才不会被"鬼"所迷。

语录十：阳明带你一起赏花

先生游南镇。

一友指岩中花树问曰：“天下无心外之物。如此花树，在深山中自开自落，于我心亦何相关？”

先生曰：“你未看此花时，此花与汝心同归于寂[①]；你来看此花时，则此花颜色一时明白起来。便知此花不在你的心外。”

【译文】

先生到南镇去游玩。

一个友人指着岩石中开花的树问：“天下没有心之外的事物。那这棵开花的树，它如果在无人的深山中独自盛开、凋谢，那和我的心又有什么关联呢？”

先生说：“你没有看见这些花的时候，花与你的心同归于寂然不动的状态；当你看到这些花的时候，花的颜色一下子就明白起

①寂：这里指寂然不动。

来。就知道这些花不在你的心外。”

心得

二人的对话富有美感和哲思。王阳明的友人是了解心学的，因此王阳明只是点拨了几句，而我们要理解话语的含义，要借助心学思想来理解。

《大学问》开篇便说，人们心中的仁爱跟天地万物是一体的。当看到花草树木被践踏和折断时，人必然会产生怜悯的心情，这就是说人的仁爱跟花草树木是一体的。

万物一体，这是心的本体层面的一体，是良知层面的一体。王阳明说：“人的良知，就是草木瓦石的良知……盖天地万物与人原是一体，其发窍之最精处，是人心一点灵明，风雨露雷，日月星辰，禽兽草木，山川土石，与人原只一体。”从这个角度来说，岩中花树与我是一体的，我与花皆不在心的本体之外，天地万物也都不在心的本体之外，“天下无心外之物”。

良知本是寂然不动的。王阳明讲，“良知……寂然不动之体也。”你未见花，良知未发动，处于寂然不动的状态，所以说，“你未看此花时，此花与汝心同归于寂”。

你来看此花时，不只眼睛见到花的美色，良知也发动，你就有了对花的直觉感受，“则此花颜色一时明白起来”，你也些微体会到万物一体之感，但这远没有为善去恶之时感受得强烈。

当然，关于这段语录还有不同角度的解读，读者可自行查阅。

选题策划：陈丽辉
项目统筹：白海波
文字编辑：程岩峰
美术编辑：张大伟
装帧设计：周　正
　　　　　蒋碧君
插图绘制：李　庆